策划传媒

席文举◎著

传媒时代，
如何让传媒为我所用？

图书在版编目（CIP）数据

策划传媒 / 席文举著. —广州：南方日报出版社，2007.10
ISBN 978-7-80652-657-6

Ⅰ.策…　Ⅱ.席…　Ⅲ.传播媒介—研究　Ⅳ.G206.2

中国版本图书馆 CIP 数据核字（2007）第 132609 号

策划传媒

著　　者：席文举
出版发行：南方日报出版社
地　　址：广州市广州大道中 289 号
电　　话：（020）87373998-8502
经　　销：全国新华书店
印　　刷：广州市番禺市桥印刷厂
开　　本：787mm×1092mm　1/16
印　　张：8.75
字　　数：180 千字
版　　次：2007 年 10 月第 1 版
印　　次：2007 年 10 月第 1 次印刷
定　　价：20.00 元

投稿热线：（020）87373998-8503　读者热线：（020）87373998-8502

网址：http://www.nanfangdaily.com.cn/press　http://www.southcn.com/ebook

目录

目录 MULU

目录 MULU

序 言

艾 丰

"策划传媒"好像是个新概念。

人的语言很有意思，用两个旧概念可以拼出一个新概念。例如，"知识"是一个老概念，"经济"也是一个老概念，把两者连在一起，"知识经济"，就成了新概念。席文举也如此，"策划"是个老概念，"传媒"是个老概念，他把两者连在一起，"策划传媒"就成了新概念。

为了论述这个新概念，作者首先引证和分析了众人皆知的"超女现象"。对"超级女声"社会争议很大，有叫好的，并论证了它超出比赛的社会意义和内涵；有严厉批评的，认为它降低了审美的水平，导偏了人们的追求。但不管怎样评价这个活动，有一点却是大家一致肯定的，那就是它的社会影响是空前的，是超出人们想象的。而没有争议的这一点，恰是作者认为的"策划传媒"的作用和功效的证明。所以，必须对策划传媒加以深入的思考和研究。

策划的内涵是确定的。传媒的内涵也是确定的。策划和传媒是局部重合而不互相替代。我理解，作者把策划和传媒连接成一个新概念，其目的就是为了强调两者的结合。策划要更多地更深入地注意运用传媒，传媒也要更多地更深入地注入和运用策划。策划传媒不是对老概念的否定，而是两者在新时代的融合和提升。

策划和传媒的进一步结合、融合和提升，策划传媒的凸现和兴起，初看起来，是策划者的妙思奇想、匠心独运的结果。其实它有更深刻的社会背景和根源。

一方面是社会生活的深刻变化。改革开放的深化，市场经济体制的确立和发展，社会生活更加多样化和多主体化，不仅企业成为独立的主体，媒体越来越成为独立的主体，大量涌现的各种中介机构越来越成为新型的主体，而且每个人的主体意识空前增强，越来越要求按照独立主体进行思维和活动。多样主体、多种追求，必然需要多渠道多方位多层次的传播。在纵向传播上，除了原来比较发达的"上对下"的传播之外，还需要实现和加强"下对上"的传播。除了纵向传播之外，还需要实现和加强横向传播。除了被别人传播的“被动传播”之外，还需要自由表达的“主动传播”。总之，在今天的社会，不仅传播和传媒的重要性增加了，而且，需要传播和传媒做全方位的改变和提升。

另一方面，传媒本身发生了深刻的变化。除了传统的报纸、广播、电视之外，互联网成了第四大媒体，手机成了第五大媒体。报纸、广播、电视的优势在于一对多、上对下的有组织的传播，而互联网和手机的优势则在于一对一、下对上、平对平的自主自由的传播。这些媒体结合在一起，不仅使原来各种媒体形成优势互补，更会构成一种新型的传媒体系。对这种新型传媒体系特性、机理、功能等等，人们的认识还远远不够。

如果第一方面说的是社会生活提出了对策划传媒的需求，那么第二个方面说的则是传媒自身的发展已经具备满足这种需求的条件。两者结合，策划传媒的发展就是必然的了。策划者也只是更自觉地认识到时代为我们建造了这样一个新的大舞台，并更好地利用这个舞台编导更加动人和多样的戏剧而已。

“策划传媒”是个中性词，它表述的是社会生活和传媒体系的新变化。在这种情况下，一切策划者，一切主体，面临着两个问题。第一个问题，是否认识到了这个新舞台的奥妙，是否有意识地积极有效地利用这个新舞台。第二个问题，利用这个功能多样、影响极大的新舞台编导什么样的戏剧？是演好戏，还是演坏戏？两个问题都需要我们认真加以解决。

席文举是一位资深的报人，不仅有丰富的新闻工作经验，更有丰富的新闻策划（或他说的“策划传媒”）的实践经验和理论功底。看得出，他写这本书是花了相当大的功夫，在理论上有一定的前瞻性，所搜集的诸多案例，对人们的实践也有相当的指导性。全书文笔流畅，读起来很轻松。相信这本书一定会对我国策划传媒的发展起到很好的推动作用。

以上点滴体会，不足为序。

前言
策划传媒时代的来临

一、超级女声，全国传媒总动员

2005年轰动全国的超级女声，我是在一个偶然的场合知道的。因为我平常并不怎么关心类似这些演出的事。大概在7月初，我和一个朋友去都江堰，坐在都江堰出口的岸边喝茶。陪我们喝茶的是都江堰市工会办公室主任，一个30多岁的年轻人。正事谈完之后，一边望着滚滚而去的江水，一边闲聊起来。年轻人兴致勃勃地谈起这些天他们家里为给超级女声投票闹翻天的事。他们家五个人就分成了三派，女儿喜欢李宇春，妈妈喜欢纪敏佳，他喜欢何洁，各人追各人的超女，短信投票已经花了几百块。电视机前看超级女声PK，一有不同意见就要吵起来。“女儿说不好就哭。妈妈是个老太婆，不会发短信，叫我帮她发给纪敏佳，我答应了，实际上全部都发给何洁了。一天，何洁、李宇春到都江堰来耍，围观的人把铁索桥都砸断了！我有幸拍了她们几张照片，在网上发出去，马上受到粉丝们的追捧。”

工会办公室主任娓娓动听的讲述，比我这里的叙述要生动得多。我这才知道超级女声对社会的影响多么大。

他的故事引起了我浓厚的兴趣，回到家里，马上搜索关于超级女声的材料，原来网上更是热闹非凡。超级女声全国总决赛，从10进8起，我也就坐在电视机前观看她们如何PK了。

没几天，成都《天府早报》请我给他们做超级女声报道的策划。《天府早报》每天有2—4个版的超级女声报道。有超级女声报道的当天，《天府早报》就多卖两万份，没超级女声的报道，报纸就少卖两万份。成都报纸为了竞争读者市场，关于超级女声的报道版面都很多。后来宣传部专门发出通知，限制超级女声的报道不能超过多少版面。

全国媒体更是深深卷进超级女声的报道中，报道内容异彩纷呈，高潮迭起，各显神通。超级女声前三名的总决赛，收视率和中央电视台的春节晚会平起平坐。短信投票的总票数达到800多万，参与人数创历史新高。

那些天，人们都在思考超级女声这种现象，思考超级女声哪来那么大的力量，让全国媒体乐此不疲，紧紧围绕它做报道。天娱公司、湖南卫视没给你各家报纸一分钱，你还给它做几个版。媒体上也在讨论分析这种现象。有人从超级女声中看到了民主，冠亚季军完全由短信投票决定，美国的《时代》周刊就把李宇春做成了封面；有人从超级女声中看到了大众娱乐、平民造星。不同的人从超级女声中看到了不同的内容，得出了不同的看法和结果。

我也在思考超级女声这种现象。我习惯于对传媒现象进行分析研究。我从超级女声中看到的，是传媒的巨大力量。而这种巨大的力量是从哪里来的呢？是人们巧妙地利用传媒来达到自己的目的而做的最高明的策划，策划使传媒爆发了巨大的力量。超级女声的三个主办单位——湖南卫视、天娱公司、蒙牛集团，把全国媒体都策划来为他们服务了。一句话，是一次高超的策划传媒。

湖南卫视本身是一个传媒，但它清醒地意识到，光靠自己一家传媒的力量是远远不够的，所以要借助和利用其他传媒来为超级女声服务。第一个办法是在全国确定四个海选点，在当地分别找一家电视台和报纸做合作单位，扩大在当地的影响。第二个办法是把超级女声活动的策划，搞得参与性、新奇性、可视性很强，争论不断，悬念重重，能把受众牢牢地吸引住，从而把全国媒体的视线也牢牢地吸引住。湖南卫视策划利用了几乎全国所有的媒体，一个包括各个媒体品种的媒体群，媒体数量之多，影响范围之广，内容触及思想的深度之深，是多少年来少有的。

天娱公司，一个文化娱乐公司，注册资金100万元，三五十个人，手中没有媒体，但是调动了全国媒体为它策划的超级女声服务。全国报纸、电视台、电台、网站、手机五大媒体成天就跟着它跑。玩媒体于手掌之中，得心应手。可谓策划传媒的高手。

蒙牛公司，当然这次是和天娱公司、湖南卫视合作，目标是几十亿元的销售额和蒙牛酸酸乳的品牌，都超额实现了。我们假设蒙牛手下成立一个天娱公司，搞出超级女声的策划，然后和媒体联合运作，它不就是企业直接策划传媒而且效果更好了吗！

我们再来看看超级女声策划传媒的具体办法：

（一）利用网络的参与性、互动性来动员全社会参与。

在网上办出各种各样的超女论坛。

（二）让不同看法进行论争，形成“吵架”，增强吸引力。

人们喜欢看吵架，有悬念。随着节目竞争越来越激烈、类似淘汰越来越残酷，黑幕说、内定说、贿选说……各种质疑和争吵不绝于耳。

（三）创造新玩法，发明新名词，以增强吸引力。

如“海选”、“PK”。海选中各式各样的女孩你都能见到，有时尚清纯的，有妩媚妖艳的，有东施效颦的，有紧张失态的。其他还有什么送生日礼物的，请求照相的，说心里话的，有些令人匪夷所思的表现甚至可以让你喷饭。但你参与其中，却有种莫名的亲切感。超级女声给人的美感是朴实无华的，没有大腕的盛气凌人，没有明星的魅力四射，没有大型晚会的造势做作，更没有那么多在后台作坊里煮熟的辞藻和华丽的煽惑。

在每场比赛的关键时刻，票数最少的选手将走上待定席，和评委一致认为唱功较弱的选手PK。这种紧张而残酷的2选1的比赛，对电视机前的观众有天然的吸引力，直接导致收视率的节节上升。于是，不知道最终结果的悬念链条、参赛选手的人物命运，驱动着观众追着节目看下去，拿着手机投票。参与越深，观众就越能从中体会到强烈的人物命运感和人生的不确定性。这正是我们社会和人生的写照，观众会想：谁知道我们明天会面对什么样的挑战、有着什么样的机遇？人人都可参与的海选与过关斩将的PK竞争，恰恰契合了充满竞争的现代社会两大最基本的社会文化心理。

（四）选取与众不同的最具吸引力的内容，增加新奇感、趣味性。

穿一套鲜红的衣服，开汽车风风火火赶到超级女声海选现场的女老板黄薪，在现场载歌载舞，那堪称空前绝后的超级舞姿的表演使评委目瞪口呆，最后的“惊天一跪”也让全国人民记住了她。网上称她为“红衣教主”。导演对于这个题材的选择就能吸引眼球。

（五）用“短信投票，我说了算”的办法吸引受众的参与性。

像体育运动那样，变成了一场粉丝们之间的“拔河赛”。

（六）使用煽情的手法，以情感来打动人。

仔细对比超级女声的策划和其他的企业策划，就会发现它们之间有很大的不同。一是被策划的媒体数量有天壤之别，超级女声策划了全国的媒体，其他企业策划一般只在少数媒体以至一两个媒体上运行。二是超级女声的策划，全国媒体都没给钱，而其他企业策划几乎都要拿钱买版面，买时段，很少有不给钱的。从拿钱做广告，做新闻，到不拿钱媒体还乖乖地跟着做新闻，这就是一个飞跃，从有偿新闻到无偿新闻的飞跃，这就说明策划传媒的水平大大提高了。

超级女声的策划，使策划者利用传媒的层次发生了几个飞跃：

（一）从有偿到无偿

过去，企业是拿钱到媒体去，媒体才给你写报道；超级女声是不拿钱，一张报纸还给你做几个版的报道。

（二）从被动到主动

在新闻事物中的身份地位变了，过去是被动，现在是处于主控地位。

（三）从求人到人求

成都的报纸记者去采访超级女声的粉丝联谊会，有时人多了，还不让记者进去，记者还要去公关才行。

（四）从营销到生产

过去企业利用媒体，都是搞产品营销，局限在营销领域；超级女声不只在营销领域，还进入了生产领域，把媒体变成了企业生产链条中的一个链条。超级女声是生产明星的，它怎么生产明星呢？它先用网络生产出了大量粉丝，再用粉丝们投票生产超女。粉丝是生产超女的重要半成品，是粉丝托起了超级女声的明星。网络就是粉丝的生产车间。天娱公司是明星生产公司，它的粉丝生产车间就建在网络这个媒体上。所以，它利用媒体就从营销领域进入了生产领域。

二、网络明星，个人借势传媒的意识凸显

那些天，打开电脑上网，网络上扑面而来的，除了超级女声之外，就是木子美、芙蓉姐姐、流氓燕之类的网络明星。这些网络新星，是利用新型传媒网络而迅速走红的。当网络媒体出现的时候，她们很快认识并掌握了这种新兴媒体的传播特点，马上拿过来进行一番策划，装进自己的内容，进行包装和炒作，吸引了众多人的视线，点击率不断上升，于是便脱颖而出，成为新星。

网络明星利用网络媒体的故事，在策划传媒的概念从酝酿到定型的过程中，是第二个重要的思维原料。

木子美曾是广州一家刊物的女编辑，出生于20世纪70年代末，毕业于广东某

大学。2003年6月19日起，木子美开始在网上公开自己的性爱日记。8月以后，木子美在《遗情书》中记录了她与广州某著名摇滚乐手的“一夜情”故事，以白描的手法，再现了她与这名乐手做爱的大量细节。一时网上掀起轩然大波。木子美“一炮而红”，访问量急剧飙升。木子美被称为广东第一个“用身体写作”的女人，有人将她与女作家卫慧和棉棉相比，认为“她的写实作风显得更为大胆”。有网民将其走红概括为“木子美现象”。

芙蓉姐姐是北京一家电子出版社的图书编辑，长期在清华园活动和考研。原名林可，网名“火冰可儿”，1977年生于陕西，参加过三次高考、三次研究生考试。2005年年初，芙蓉姐姐把自己S形身段的照片以及“狂舞清华”的视频片段，还有自己生活的点点滴滴，在清华BBS、北大BBS、天涯社区等转载。一时间，看热闹的、起哄的、反对的、挖苦的、义愤填膺的皆有之，整日在BBS上争吵不休，热闹非凡。支持芙蓉姐姐的粉丝们说：“有几个美眉，敢像她那样，不化妆上镜？有几个美眉，不是迎合世俗，迎合时尚，迎合男人的眼光而迷失了自己的方向？芙蓉姐姐是我们的偶像！”还有人本着理工科的实证精神考证芙蓉姐姐的真实生活。谁也没有想到芙蓉姐姐会红。但是，她出名了。这之后，她想要的不仅仅是名气，她要出书、演电影，娱记们采访芙蓉姐姐的更多故事又传开来了。

有人把网络明星们的蹿红速度比喻成坐火箭，这个比喻并不过分。他们一下子成了炙手可热的人，众多媒体争相采访，片约不断，被邀请担当主持人，而且出场费并不廉价。芙蓉姐姐首次拍摄电视喜剧短片，一次就拿了5000元的报酬，这个收入让电影学院表演系的毕业生羡慕得不得了。她继而又在电视剧《情海星空》中担当重要角色，5集拿到3至5万的演出费。

木子美和芙蓉姐姐在网上传播的内容是有争议的，但是，她们利用传媒进行策划和运作，这个方法无疑是成功的。她们一是很懂得网络传媒的利用开发价值，二是掌握了使用运作的方法。网络已经变成了一个炙手可热的策划传媒的对象，大家都选用它为自己提高名气，为自己带来效益。

天仙妹妹是又一个一夜走红的网络明星。2005年 8月7日，一篇名为“惊见天仙妹妹”的帖子突然出现在网站上，这张帖子里陆续展现了一位少数民族少女的几十张照片。发帖人称：照片上的人是他出门旅游时，在山寨中偶遇的一个当地羌族少女。他惊叹这位羌族少女清纯、质朴、脱俗，给她起名为“天仙妹妹”。很快就吸引了长达40多页的跟帖和近10万次的点击量，高居论坛排行榜榜首，并且被众多国内外论坛所转载。几天之内就掀起了一股“感动”狂潮，人们热情地扑向天仙妹妹，赞美天仙妹妹，把她比作了童话书里象征梦境的“雪莲花”。不到一个月，名声大大超过了“芙蓉姐姐”。随着知名度的迅速提高，天仙妹妹身上的商业价值也被发掘出来。“十一”黄金周期间，天仙妹妹出任四川阿坝州理县的旅游形象代言人。11月3日，四川天府热线网站聘请天仙妹妹为形象代言人，代言费已经达到6位数。后来搜狐女人频道主办的“2005搜狐时尚新生代榜样评选”又爆出冷门，天仙妹妹的风头盖过超女冠军李宇春和体坛偶像刘翔。

2006年2月，天仙妹妹又与一家影视公司签约出演一部25集的电视连续剧，并担纲女主角。这部长达25集的电视连续剧是古代少数民族题材。一家跨国集团公司决定，聘请天仙妹妹担任该公司的一款国际知名电子产品的形象代言人。中央电视台对其做过多期访谈和跟踪采访。央视《社会记录》就对她做了4期专题报道。发行全球20多个国家的英文版《中国妇女》，以“网络改变羌族姑娘命运”为题，把天仙妹妹推向全球，还破天荒地把天仙妹妹作为封面人物。江苏美术出版社出版全彩300页的《天仙妹妹尔玛依娜》一书。

与众多网络红人不同的是，天仙妹妹既不搞笑，也不装怪，为什么能一夜走红？记者采访推出“天仙妹妹”的网友“浪兄”，他说：“我很不喜欢芙蓉姐姐，我真不明白人们怎么会喜欢芙蓉姐姐这样类型的女孩，完全是恶俗的一个偶像！所以，当我发现大山深处居然有这样一个天仙一样的女孩时，就产生了强烈的冲动，我要把这个女孩推到网上去，打败芙蓉姐姐！”

“浪兄”的这个表白，充分说明他的策划是有明确的目的的。一个网友评论说，天仙妹妹是2005年中国网络中的一抹亮色。在我们的网络上，还有人用一种正常的方式为大家推荐健康的美的形象。它给了我们一个信号，个人生活道路完全也可以通过策划传媒来改变，还可以做出更好的、更多的正面形象的策划。

三、社会利用传媒仍处于低水平操作

传媒具有很强的整合社会事物的功能。社会上很多人和单位，千方百计利用传媒的这个功能来为自己服务。既然传媒有这么大的功能，是一个具有无限能量的社会机器，我这个单位，我这个企业，就利用它来把我们自己打造成百万富翁、千万富翁、亿万富翁。其实这就是策划传媒，用传媒来为我，为我的企业，为单位，为自己要达到的目的服务。

利用传媒为自己的单位、企业服务，这已经成为一种社会现象，一种社会意识。如果把这种社会现象进行归纳分析，你就可以看到这个现象本身包含隐藏着三层含义：一是人们对传媒的功能有很深刻的认识，觉得传媒这个东西很好，有很高的利用价值；二是有明确的利用意识，要用它来为自己服务；三是采取了利用它的行为，有行动措施。主观意识和客观行动都准确到位。这就使人们和传媒这两者之间，形成了一个利用和被利用、策划与被策划的关系。

但是，由于人们的认识水平不同，社会利用策划传媒的水平是不同的。我们以企业为例，来分析当今社会上的单位与传媒的关系。企业与传媒的关系，从现象上分析，可以概括为三个层次。

第一个层次：视而不见，与己无关，互不来往。

企业完全依靠自己的力量运行，觉得利不利用传媒都没有关系。这时候如果传媒批评了企业，企业迫不得已，只好临时应对，搞危机公关。如果平时没有关系的积累，像三株口服液，媒体报道湖南一个老人吃三株口服液死了，家属提起诉讼要求厂家赔偿30万元。三株口服液一下就卖不出去，很快就垮了。法院一审判决三株承担责任。此事被媒体炒得沸沸扬扬，类似《八瓶三株喝死一条老汉》之类的新闻铺天盖地。三个月后检查出来那个老人不是吃三株口服液死的，三株虽然胜诉，但企业已经垮了，无法挽回了。三株口服液就没有做好危机公关，平常没有建立起很好的媒体通道。

第二个层次：利用传媒做广告，也做报道，扩大社会影响。

着眼点主要集中在销售产品，在营销领域。实际上只是和媒体做等价交换的生意，用钱买版面买频道时段。

第三个层次：策划传媒。

把传媒整合成企业的一部分，成为企业的一个车间，一个渠道，一盘棋中的一个棋子，一个使用的工具，路过的一座桥梁，为你服务的一个仆人，链条中的一个链……利用媒体不仅在营销领域，而且进入生产领域和其他各个领域。也可能用一些钱，但不完全是金钱交易，是付出的少，回报的多。因为用智慧策划了媒体，在交换中有一部分是用智慧取代了金钱。

从现实情况看，社会对策划传媒这个问题的认识，多数还处在低层次的认识阶段。

现在社会上各种机构、单位、企业，办了很多培训班，想提高与传媒协调的水平，有危机公关培训班，有新闻发言人培训班，有广告策划培训班，有企业策划培训班，等等。很多培训班都请我去讲课。仔细分析这些培训班，就可以看出大都停留在第一个、第二个层次上。

危机公关，就是企业或单位遭到媒体的批评，在这个企业产品卖不卖得出去、企业形象遭遇挫折的危机关头，想办法到媒体去公关，争取挽回已经造成的不好的社会影响。危机公关，实际上是企业“挨了打”后，想办法如何减轻挨打后的痛苦，也等于一个人生了病以后要去医院治病一样。我们不仅要问，你不生病的时候又在干什么呢？最好的办法是平时加强锻炼不生病。策划传媒就相当于平时加强锻炼身体，到奥运会去拿冠军一样。

新闻发言人的任务，是在新闻产生出来后，把新闻宣读出去，等于培养播音员。新闻发布会要开好，关键你要有很好的新闻，如果有很好的新闻，怎么发布都行。所以，新闻发言人和新闻发布会只是一个最后履行的“发”出新闻的形式。生产新闻的新闻策划比“发”出新闻的新闻发布更重要，给企业办新闻策划培训班，比办新闻发言人培训班更重要。这就是策划传媒了。

举例来说。2000年，四川雅安市建设了一个新的风景区，叫碧峰峡。元旦开业举行了新闻发布会，春节为了吸引游客，又搞了一次新闻发布会。他们发布的什么新闻呢？都是风景好看、动物如何吸引小孩之类的新闻。2月底，我去碧峰峡参加聂卫平多面打活动，碧峰峡老总讲起建设碧峰峡的经历。原来雅安市政府将当地的碧峰峡风景区70年的开发经营权，出租给一个民营企业——万贯集团。这个做法与过去的政策相抵触，从市里到省里发生了一系列矛盾冲突，差一点就夭折了。我敏感地意识到，四川是旅游风景资源富集的大省，但又是一个缺乏开发资本的穷省，如果都像碧峰峡那样吸引社会资本来开发，那将极大地振兴四川旅游业。这是一个旅游体制改革的重大典型。 从2000年3月20日起，在《华西都市报》头版头条以大篇幅推出《碧峰峡模式》、《碧峰峡精神》、《碧峰峡冲击波》等系列报道，并配发三篇评论，这种规模宣传使碧峰峡名声大振。到2000年底，碧峰峡共接待游客96万人，实现收入7000多万元，利润2800万元。四川省假日办的统计数据表明，碧峰峡一跃成为四川省重点景区第三名。

所以，谁当新闻发言人，新闻发布会怎么开，形式上的东西无关紧要，发布内容才是最重要的。单位和企业应该把自己最重要的新闻找出来发布出去。如果最重要的新闻没有找出来，新闻发言人“形象”再光辉，新闻发布会再隆重，出席的人规格再高，也无用。“碧峰峡模式”的内容其实早就装在碧峰峡老总的头脑中，碧峰峡的职工也亲身经历了整个斗争的全过程，但他们对什么是最好的新闻不了解，不识货，没有及时把最好的新闻抓出来发布出去。所以，应该对企业进行新闻策划的教育。这就是企业策划传媒了。

还有广告策划培训班、企业策划培训班，大多数也停留在研究如何做广告、做有偿新闻的低层次的水平上。

其实，仔细分析我们前面所讲的例子，就会发现，策划传媒和不策划传媒，对事物的影响大不一样，有时甚至是天渊之别。

第一个例子是明星经纪公司。许多明星经纪公司，派几个职业星探在大街小巷追漂亮女孩，找将来可能成为明星的人。这些找来的人中，今后也有成了演员甚至明星的，但总的来说成活率不高，速度太慢，影响太小。这些公司很多，但都没有影响。相反，天娱公司成立一年，一次就包装出几个十几个明星，一打的明星，只花了两三个月时间。都是明星包装加工厂，为什么对比这么鲜明？原因就是，前者用的是古老的传统的手工作业方法，后者用的是最现代的策划传媒的方法。

策划传媒所产生的力量和影响是几何级数的，原子爆发式的。超级女声推出来的明星，最高短信投票数量达370万，前三名800多万票，比一些多年的明星人气高出许多倍。它的产生过程，是用媒体做烘干炉加工出来的，几百万网络粉丝就是"大众星探"。因为他们乘坐的是网络快车，比几个在大街小巷左顾右盼慢慢转悠的星探力量大得多。

难怪天娱公司提出"粉丝经济论"！"按照传统做法，包装一个艺人一般是两三年，投入不下百万，最后过市场检验关，人气不足等于前功尽弃。超级女声则是反过来，先有人气，再做包装，引发投资方前期跟进，客观上使经纪公司省去巨额成本，将有形投入减到最低。"天娱公司老总王鹏如此解释他所理解的粉丝经济："本届超女最大的震撼点就是大量超女粉丝队伍的涌现。"但是，粉丝是怎么生产出来的呢？粉丝就是网络这个传媒生产出来的，没有网络，就没有粉丝论坛，粉丝们就无法交流，粉丝就形成不了一个群体，就难以形成统一的意志和群体行动。

第二个例子是卖牛奶。全国有多少卖牛奶的公司，但许多牛奶公司业绩太差。蒙牛公司卖牛奶，策划一档"蒙牛酸酸乳超级女声"的青春女孩选秀节目，发动一批超级女声的粉丝帮它卖，用策划传媒来发动，一下就几百万超级女生都出来了。各地的酸酸奶销售一空，不少地方断货，"酸酸乳"的产量从7亿提高到25亿。都是卖牛奶，区别在哪里呢？区别就在一个没策划传媒，用老办法卖；一个策划了传媒，用超级女声来卖。他们把卖牛奶的摊子摆到了传媒上。蒙牛副总孙先红在媒体公开透露，蒙牛对超女的直接投资仅1400万元。两种卖牛奶的方法，一个是原始办法，一个用策划传媒的办法，两相对照，高下分明。

这里有一个对话：

两个朋友，几个月不见。

甲：好久不见，你最近在干什么？

乙：卖牛奶。

甲大吃一惊：老兄，你犯什么错误了？一个研究生怎么弄去卖牛奶？

乙：没犯错误。是你犯了错误。你怎么以为卖牛奶就是犯错误？

甲：那你在哪里摆摊？

乙的朋友丙给甲介绍说：他把牛奶摊摆在电视和网络、手机上，动员了几百万超级女生帮他卖蒙牛酸酸乳。

甲恍然大悟，感叹：这样卖牛奶，前所未闻。超级女声不是在唱歌吗？

丙：不仅卖酸酸乳，还收短信费，赚了大钱啦！

甲无限感叹：世道变了。街上多少个卖牛奶的，还不知道可以这样卖牛奶！

为什么湖南卫视、天娱公司、蒙牛集团会产生超级女声的策划，就是因为社会发展到这个地步，已经具备了全社会参与的条件，策划传媒可以达到让全社会共振的效果。社会已经传媒化了，人人都可以策划利用传媒了。你不策划利用传媒就落后了。

所以，从社会现实生活来看，单位和企业都有策划利用传媒的需要，但是，策划利用传媒的水平普遍都不高，对于策划传媒的规律和科学都不太了解。这就从客观形势上造成一种需要，也就是说，社会生活需要我们对策划传媒的规律进行探讨。

四、全社会策划传媒时代即将来临

现代社会是一个信息社会。信息怎么传播？信息靠传播媒介传播。信息爆炸，传媒就无孔不入，无处不在。利用传媒、策划传媒已经成为当代个人、企业、公司、政府、机构的一项最重要的工作。只有把传媒这个翅膀安在自己身上，才可能取得事半功倍的效果。

传媒不只是传媒界的传媒，而且是全社会的传媒，全社会都可以利用和借助传媒为自己的生活、工作、生产服务。

现代企业不仅是从加强内部管理要效益，同时还要向外部、向社会要效益。从社会什么地方可以要效益？那就是传媒。从传媒可以要到很好甚至很大的效益。传媒是企业一个十分重要的社会资源，不会利用传媒这个资源，就不是现代企业。

现在是各种网站林立。个人网站、企业网站、综合性网站、新闻网站、商业网站、游戏网站，等等，一个五彩缤纷的网络大世界。

新闻发言人必须是高水平的新闻策划人。企业策划传媒的关键，是挖掘企业里与当前时代脉搏能够一起跳动和共振的元素，把这些元素进行策划包装后，推向新闻市场。

全民参与网络新闻的生产是网络时代的重要特征。网络模糊了新闻生产者和新闻消费者的界限，网络受众可以通过转发、评论等方式参与网络新闻的生产。

现实已经有力地教育了我们，新闻不再是新闻界的专利，新闻、传媒已经社会化了。人人都在参与策划新闻，人人都在做新闻，人人都可以发布新闻。全社会策划新闻、策划传媒的条件已经形成。形势逼人。时代已经迫使我们尽快地研究、总结策划传媒的规律和学问。策划传媒理论的诞生是时代使然。

理论的飞跃是人类社会实践的积累达到一定的量，人们对它的认识发生变化，量变引起质变，于是推动了新理论的诞生。超级女声使人们看到策划传媒的力量有多大，大到可以呈几何级数的爆发。

策划传媒是从全社会的视野和高度，来观察和总结这一类现象得出这个理论的。

从上面的分析可以看出，策划传媒的概念和理论，具有新的时代意义。对这种现象，用过去的广告、营销、公关、企业策划等概念来认识，已经概括不了了。广告，就是广而告之；营销，这次超级女声又进入了生产领域；公关，又显得俗气。策划传媒，把这几个概念都概括了，而且站得更高，把策划者的主动性主动权主观能动性都体现了。过去，外单位看传媒是仰视，所以要去公关，好像有求于人。策划传媒，把策划者和被策划者两者的自主权都明确表现出来了。

策划传媒的概念更广泛，视野更宽阔，更全面，更普遍，更能概括事物的本质；包容性更大，把原来的各个方面的内容都涵盖进去了。

网络传播和新兴媒体对策划传媒这个理论的诞生起了催生作用。因为只有网络和手机这两种新兴媒体的全民参与性，才使超级女声火爆全国，也才出现了一批策划网络传媒的网络明星，才使我们对策划传媒的认识更深了，更新了，策划传媒的操作性也更强了，更直接更广泛了。超级女声的那些“玉米”、“盒饭”、“凉粉”、“笔杆”，纷纷在网络上结成联盟，发动亲朋好友用手机投票支持自己的偶像，他们利用网络传媒和手机传媒的目的很明确，就是要用自己的力量把自己的偶像推向明星和冠军的宝座。

策划传媒在传统媒体的普及就很难，因为他们无法做到全民参与，受众之间也更难有大面积的交流、形成群体的互动。

策划传媒不是从天上掉下来的理论，而是从社会实践中总结出来的理论。我们要从社会的两个单位之间的普遍关系来研究策划传媒现象。这是时代给我们提出的重大理论课题和研究课题，打上了强烈的时代烙印。

第一章
什么叫策划传媒

一、传媒是干什么的

媒体因为掌握和控制了大量的受众，这些受众在媒体报道的影响和引导下，能够把新闻舆论转化为社会舆论；媒体的受众越多，动员社会舆论的力量就越强，所产生的舆论力量也就越大；媒体连续报道这种社会舆论，舆论的力量就会反复作用于某一社会事物，从而影响事物发展变化的运动轨迹，一旦两者的振动频率相同，媒体舆论和社会事物就会发生强烈的共振现象，使社会事物产生突变和飞跃，迅速推动社会事物向前发展。我们把这种现象概括为媒体对社会事物的整合作用，把这种能够和社会事物产生共振并推动事物发展变化的作用，称为媒体的整合功能。报纸发行量越大，电视的收视率越高，网站的点击率越高，整合力量就越大。一般来说，受众覆盖面越宽的媒体，整合能力越强。比如中央电视台覆盖全国，收视率也很高，所以它就在全国范围甚至世界范围产生整合作用。

一个有影响的媒体，是因为掌握了庞大的受众群，而每一个受众就是一个消费者，所以实际上，媒体掌握和控制了庞大的消费群，就在很大程度上决定了受众消费什么不消费什么。在消费市场，媒体有很大的煽动性。你说那里风景好他就去那里旅游，你说什么东西好他就买什么，绝大多数人是从众心理。不从众的是少数。因此，媒体就像一个巨大的社会工厂，它可以为旅游景区“生产”游客，为饭店“生产”食客，为晚会“生产”观众，为商品“生产”消费者，为学校“生产”学生，为医院“生产”病人……使这些景区、饭店、晚会、商品、学校、医院的生意火起来，富起来。所以，媒体就是一个“生产”百万富翁、千万富翁、亿万富翁的社会机器。

传媒的整合功能使它为社会“生产”政治、经济、文化等各个领域的各种明星，也为社会“生产”百万富翁、千万富翁、亿万富翁。

比如中央电视台，就“生产”了全国的文艺明星。一位歌手在春节晚会上唱一首歌，全国人民都听到了，他就成歌星了。湖南卫视超级女声，只用两个月，就把几个学生变成了明星，暑假前还是个默默无闻的女孩，开学就成大明星了，李宇春、何洁就读的四川音乐学院就为她们开盛大的欢迎会。

这就是媒体的作用和威力。是传媒具有的强大的整合社会资源的功能造成的。媒体的整合功能在各个领域有不同的表现，不仅为各个领域生产各种明星，也推动各个领域的发展。

正是传媒具备的这种在全社会各个领域整合社会资源的强大功能，正是传媒这种强大的整合功能反复不断地发挥产生的社会影响，给了人们深刻的教育，使得社会的各种单位、机构、企业、个人，都想利用传媒来为自己服务。正是传媒的这个本性，使得人们成天老是琢磨着要如何利用它，这成为社会策划传媒的基础和动因。

二、策划传媒的定义

社会上的机构、企业或个人，策划采用各种各样的手段和方法，使传媒整合社会资源的功能和作用充分发挥出来，为他们（机构、企业或个人）取得很好的社会效益和经济效益服务，这就叫策划传媒。

策划传媒定义有四个要点：

（一）有一个策划传媒的主体。

谁在策划呢？社会上除被策划的传媒之外的一个单位，机构、企业或个人。他是发动、运作、实施策划的主体。

我们举例时可能比较多的是企业策划传媒的故事，实际上，对传媒实施策划的策划主体，决不只是企业。政府、军队、各种社会机构（政府机构和非政府机构）、组织，以及个人，都在策划传媒。全社会的各个单位、各种人，都有可能成为策划传媒的主体。

（二）有一个被策划的传媒。

策划主体去策划谁呢？被策划的对象是传媒。

策划传媒这个概念，从定义上就明确了被策划的对象是传媒。而实施策划的主体，是不确定的，可以是机构，也可以是企业，还可以是个人，可以是被策划的传媒之外的任何一个单位或者个人。当然，这一个传媒也可以作为主体，去策划另一个传媒来为自己服务。

这里所说的被策划的媒体，既包括报纸、电视、广播等三大传统媒体，也包括网络、手机等两大新兴媒体，还包括杂志、书籍、电影、音像出版物等可以传播信息的各种媒介。

当然，被策划的对象可以是一个传媒，也可以是多个传媒，可以是一个媒体群，也可以像超级女声那样是全国的媒体群。被策划的传媒越多，影响越大，效果越好。

（三）有策划方案和实施策划的行为。

策划主体采用各种各样的手段和方法，使传媒的功能和作用充分发挥出来为自己服务，这就是策划。策划方案要根据传媒的特点，根据目标受众的口味和需求，根据自己要实现的目标，设计出一个创造性的运作传媒的策划方案。

（四）有策划要达到的目的。

那就是为策划主体（机构、企业或个人）要实现的目标——取得很好的社会效益和经济效益服务。

策划的目的不只是为了实现经济效益，也有为了其他目的而策划的。因为策划主体的不同，策划的目的是多种多样的。

传媒是社会上的一个事物，政府、机构、团体、企业、个人等，也是社会上的一个事物。为什么这个事物要对另一个事物做策划呢？要研究清楚这个问题，就要从社会的两个事物、两个单位之间的普遍关系来研究。

传媒和其他单位（政府、机构、团体、企业、个人等），就是社会上的两个单位，两个事物。两个事物就构成一种双边关系。两者之间就像物理学上的两个物体，每个物体都有一种社会势能，两个物体的两种社会势能之间就构成一种势能关系，既有互相吸引的引力，又有势能的互相排斥。实际上，双方都在想办法利用别人的势能来增加自己的势能。如果一个事物有很强的主观能动性，一旦充分发挥主观能动性，利用别人的势能来增加自己的势能，这就成了策划对方。如果两个事物都有很强的主观能动性，那就看谁的社会势能更大，谁发挥得更好，处于主动地位，谁就掌握策划对方主动权。

牛顿的万有引力定律，从本质上讲也适用于社会上的两个单位。

传媒和策划传媒者之间，也存在着这种互相吸引、互相利用的关系。由于传媒本身就是一种为大众服务的工具，它的整合功能就对每个人、每个单位，都有无穷的吸引力，所以全社会都来策划它，利用它，就是天经地义的事。

但是，过去的传统传媒，社会的一般单位和个人要策划它是比较困难的。只有政府部门、大单位才可能策划利用它。因此，策划传媒的事就不为广大的社会人群所知晓，所认识。

网络传播对策划传媒理论的诞生起了催生的作用。因为只有网络和手机这两种新兴媒体的全民参与性，才使超级女声火爆全国，也才使策划传媒的故事和概念为社会大众所认识。更多的人参加到策划传媒的活动中来，策划传媒的概念也就呼之欲出。

过去研究媒体与社会的关系，许多学者都把传媒凌驾于社会之上，受众之上，称之为“第四种权力”。随着媒体的平民化，媒体从过去的权力部门的工具，变成了老百姓天天使用的工具。这是媒体发展史上的一次深刻革命，它颠覆了传统媒体的运作模式。你想，一个一般的摄影爱好者“浪兄”，不断发照片，就可以在传媒（网络）上设置议题，把大山沟里的少数民族女孩天仙妹妹搞成了明星。如果是过去，他既无这个权力，也没有这个条件。像他这样策划传媒的故事现在才刚刚开头，今后还会源源不断地产生。

传媒本来就在不断地报道社会和策划社会，现在社会又反过来策划传媒。传媒策划社会与社会策划传媒，就形成两个方向相反的策划运动。

传媒策划社会，比如《财富》杂志搞的全世界的“财富论坛”，就把世界各国的富翁以及国家元首都乖乖地给弄来开会了，它把这些人都策划了，你都得听它的。到中国来搞财富论坛，你中国还要去争取，国家领导人还要出面。一个《财富》杂志，就策划号令了全世界。

社会策划传媒和传媒策划社会，策划实施的主体不一样。一个是媒体本身，一个是社会上的其他单位。虽然策划主体不同，方向不同，但都是运用媒体的整合功能来进行策划，策划也都是在媒体上实施的。

三、策划传媒不是公关，也不同于活动营销

传媒和社会事物的关系，过去的新闻学者就进行过一些研究。如果用策划传媒的新概念对过去的一些概念进行重新审视，就会发现，过去有一些概念是不准确的和模糊的。

（一）公关

西方学者把社会各个单位与传媒的关系，叫公共关系，把和传媒打交道叫公关。这样定义，是不准确的。比如超级女声，主办单位并没有找你这个媒体报道，是你要去报道。所以主办单位并没有对你公关，而是你这个传媒被人家策划了。同时，公关的概念也显得俗气。好像两个单位不平等，外面的单位完全要仰视传媒，所以要公关。其实，企业在危机公关时，并不一定企业就是全错的，有时是媒体弄错了（比如吃三株口服液死人的事后来就证明是假新闻），企业还只得去求媒体。这从某种意义上说还是一种不公正。再说，现在很多人的策划传媒，都是从网络开始，像“浪兄”在网上推天仙妹妹，木子美写性爱日记，芙蓉姐姐上传自己的S形照片，胡戈传播《一个馒头引发的血案》，徐静蕾写《老徐的博客》，都不需要找传媒的任何人，不需要去传媒公关。网上可以自由写作和点击。新兴媒体出现以后，大量的事不用公关，只用智慧就可以实现。这是新技术革命给传媒带来的新发展。在平民化、开放性的网络传媒面前，公关的概念已经大大落后了，不适应新的形势了。

在传统媒体时代，媒体之外的人与媒体人，在使用媒体上处于不平等的地位。因为包括广告在内的所有媒体信息的发布权，都掌握在传媒人手里。在当今的平民传媒时代，媒体之外的人与媒体人，在媒体上则处于平等的地位。因为任何人在网络传媒上，对与自己相关的信息都有发布权、评论权。网络媒体又影响传统媒体，所以，媒体之外的人也能影响传统媒体了。

当然，策划传媒有时也需要公关，那时候，公关是落实策划要施用的手段之一。策划不等于公关，公关也不等于策划。不能用施行的手段来概括两者之间的关系。如果是那样，就成了以点代面，以偏概全了。

当然，也许有人会说，公关的概念是指公共关系的概念，公共关系是一种更为广泛的概念。其实，既然是广泛的公共关系的概念，那就是全社会各种人各种单位之间的关系，而我们这里研究的只是机构、企业、个人与传媒之间的关系，不是机

构、企业、个人与社会其他行业的关系，更不是机构、企业、个人与所有行业之间的关系。所以，用公共关系的概念来定义机构、企业、个人与传媒之间的概念，就太大了。机构、企业、个人与政府机构的关系，也是一个公共关系；机构、企业、个人与交通部门的关系，也是一种公共关系；机构、企业、个人与商业部门的关系，也是一种公共关系，等等等等，都是公共关系。如果只把机构、企业、个人与传媒的关系定义为公共关系，就把广泛的公共关系的概念搞窄了。如果是这样，就等于把一顶大帽子戴在一个小人头上了。

所以，我们得对机构、企业、个人与传媒的关系给以最准确的概念确定，抛弃那些范围太小的不准确的概念（公关），也抛弃那些范围太大的不准确的概念（公共关系）。

（二）活动营销

活动营销是现在的企业经常在做的。他们站在企业生产经营的角度，策划某个活动，利用媒体的影响和力量，把企业的产品在市场上推销出去。

活动营销作为企业行为概念是没有任何问题的。但是，不能把它作为企业和传媒关系的概念，也不能作为一个传媒行为的概念。企业策划传媒，不仅可以做产品的营销，还可以为企业做各种各样的事，包括知名度的提高，品牌影响力的塑造，等等。就看你企业如何策划利用传媒了。只要智慧高超，策划运作到位，像蒙牛运作超级女声那样，企业的收获就是大大的。

无论公关的概念还是活动营销的概念，都有一定的局限性，既不准确，也不科学。策划传媒则是站在更广泛的意义上，来研究社会上任何一个单位（当然也包括企业，包括企业的营销）和传媒之间的所有关系问题的。

策划传媒是研究带有普遍意义的社会上各种单位、企业、个人，如何想办法利用传媒来为自己服务；公关，特别是危机公关，是企业在某种情况下对传媒采取的办法，活动营销讲的是企业搞营销采用的策划活动的方法，都只是策划传媒中的一个很微观的具体事情之一。

策划传媒的主体是社会上的各种各样的单位和人物，策划传媒要达到的目的也是多种多样的，策划传媒所使用的手段、技巧、艺术、活动更是五花八门。所以，出现在受众面前的策划传媒，是一个五彩缤纷眼花缭乱的世界。

策划传媒概念的建立，是对过去那些落后的不准确的模糊的旧概念的扬弃。

从以上的分析可以看出，传媒不仅是机构、企业的最重要的战略资源，也是可以灵活使用的战术武器和工具。机构、企业要实施策划传媒战略，首先要改变思维方式，要想办法如何策划传媒，要想办法搭建开发利用这个战略资源和战术武器的智慧平台。

策划传媒对于一个单位、一个企业的重要性，就决定了这是个一把手工程，一把手要重视这个战略，实施这个战略。第一要思想上重视，从观念、意识、理念、文件上明确为战略思路。第二要从组织上落实，人员到位，要有高水平的策划传媒的队伍。第三要建立起自身与传媒之间的通道，要疏通好各个方面的关系，做到畅通无阻。第四，在重要时刻和关键时刻，一把手要像蒙牛老总那样亲自策划传媒，要参加研究重大新闻和活动的策划。

四、策划传媒理论的作用和意义

策划传媒理论，用全社会的力量来发挥媒体的整合功能，是对媒体功能理论的拓展和完善，是对媒体功能理论研究的一个重大发展。

（一）策划传媒理论，是从全方位大视野来审视媒体功能，扩大了媒体功能研究的视野。从媒体如何自身发挥整合功能的研究，扩大到全社会如何一起共同来想办法把媒体的功能充分发挥出来。媒体自身的力量与全社会的力量，两个力量结合起来推动传媒功能的发挥，力量就更大更强，媒体的作用就会发挥得更好更充分。

策划传媒理论，切合了媒体的实际。媒体本来就是为全社会服务的。媒体和社会之间的关系，不仅是媒体向社会传播信息的单向通道，也是一种双向畅通的互动关系；社会不是媒体发出信息后才做出反馈，也可以主导决定媒体信息传播的选择。因为社会是媒体传播的所有信息的原创者，媒体只是社会信息的照相翻版。所以，社会对媒体的传播内容，具有发言权和主导权。传媒的传播内容只是社会的一个镜像。社会理所当然具有策划传媒的主体资格。媒体整合社会，社会也整合传媒。

因此，媒体如果只有媒体工作者自身来策划发挥媒体的整合功能，实际上就相当于一个人只用了一只脚走路，是个跛子。越往后发展，如果社会不策划传媒，这个传媒就会失去光彩。社会以人为本，人的功能本来就是有意识地改造主观世界和客观世界，自然也包括改造传媒在内。

策划传媒理论，揭示了媒体与社会的互动作用。媒体与社会是一个互动体系，是一对互为背景、互相作用、互相影响的辩证关系。

（二）策划传媒的理论，构建了媒体生产力理论。媒体不仅是社会机构、企业的重要的战略资源，也是社会机构、企业可以随时使用的战术武器和工具。媒体可以成为企业的车间、机器、棋子、仆人，成为生产链中的一个链条。媒体蕴藏着巨大的潜在生产力，我们要把它最大限度地开发和发挥出来。

前面已经讲过，用整合功能看媒体，如果按照社会事物的本质规律去整合，媒体就像一个巨大的工厂，以舆论的动员力、号召力，为学校"生产"学生，为医院"生产"病人，为晚会"生产"观众，为商品"生产"消费者……也就是对社会资源进行组合加工，实现社会资源的再生产和扩大再生产，实现舆论力向生产力的转换。

媒体的整合功能，实际上是将两个社会事物（定义中的甲乙方）重新组合之后又推动它们向前发展。因此，媒体整合功能也就是社会资源重组功能。社会资源重组有多条道路，政府和机构出面，牵线搭桥，强强联合，市场兼并，等等。通过媒体整合的道路来实现社会资源重组，常常被人们忘记，但这是一条非常重要的不容忽视的道路，因为它可以在更大范围更大空间更多领域重组和配置社会资源，收到市场最大化的最佳效果。

当今中国，发展生产力是社会主义的根本任务。既然媒体有这么大的潜在生产力，我们就不能将它闲置和废弃，而要将它完全充分地开发出来，成为社会生产力的重要组成部分而大放异彩。

社会策划传媒，是媒体功能的历史性进步，是现代媒体与社会紧密互动的必然。媒体的整合功能是一个充满无穷魅力的功能，它的整合过程千变万化，如果你掌握了事物的规律，驾驭起来随心所欲，可以按照你的想法去改造社会事物；如果你没有弄清规律，也可能束手无策，或四处碰壁。正是它具备的这种改造社会推动社会发展的巨大力量，才使媒体成为现代社会的一个重要组成部分。现代社会之所以叫传媒社会，就是它的传播整合功能造成的对社会的巨大影响力。西方过去把媒体叫做第四种权力，现在也有叫第二种力量的，其源盖出于此。媒体的这种影响力，完全是它无处不在、威力无穷的整合作用带来的。这对媒体人来说具有极大的诱惑力，对于社会机构、企业、个人来说，也具有极大的诱惑力。玩媒体就是玩整合，还要玩得得心应手，像玩游戏机那样成为游戏高手。全社会要来一场比赛，看谁策划传媒的方法更多，水平更高。一个媒体，如果只是媒体自身的人来策划你，没有社会来策划你，等于媒体功能的废弃和退化，你的生产力就得不到开发。你手里明明有一颗原子弹，结果变成了一个鸡蛋。

（三）策划传媒理论的建立，给传媒时代如何办好传媒提出了一个新的重要的操作方法。

长期以来，传媒界都是传媒人自己办传媒，有借用社会外力的情况，但是数量较少，特别是思想观念和意识上，没有从借用全社会的智慧力量这个角度来考虑问题。加之传统传媒的技术局限性和保守性，民众很难参与，也就没有从这个角度思考问题。

策划传媒的理论，为传媒人办传媒提供了一条全新的思路，那就是向全社会借脑，用全社会的智慧和力量来办传媒。

现在，传媒传播的内容，已经很难做到多少独家了，基本上都是大同小异，越往后走，这种差异还会减小。那要怎么才能做到差异化？只有用策划来实现传媒的差异化。新闻信息的内容相同，策划的方法、思路，要搞的活动，要策划的事件，总不会完全一致。

特别是社会策划新兴媒体风起云涌之时，传统媒体容易受到冷落，传统媒体则更应想办法，动员社会来策划自己，特别是把自己的网络和传统媒体结合起来策划，或是把自己的媒体和其他网站甚至手机媒体一起策划，以弥补自己的不足。

（四）策划传媒理论的建立，给媒体建设提出了更高的目标。

我们研究策划传媒，是为了运用和掌握好策划传媒的理论和规律，更好地为社会发展服务。所以，我们应该提出一个媒体建设的新目标，那就是把媒体建设成为全社会都热衷于策划你的社会整合型媒体。

什么叫社会整合型媒体？社会整合型媒体，就是社会的机构、企业和个人，经常策划、利用这个媒体来为他们服务，为社会服务，被策划的次数越多，影响越大，效果越好，这个媒体就是一个优秀的社会整合型媒体。

很明显，网络是一个天然的社会整合型媒体，因为它具有全民的参与性、互动性和平民性。但是，不同的网站，参与策划利用的人群多少是不一样的。标志参与人群多少的是点击率。所以网站都在为提高自己的点击率而想尽一切办法。

那么，传统媒体是不是就不能成为社会整合型媒体呢？也不是。在新兴媒体异军突起汹涌澎湃的今天，传统媒体的参与性、互动性确实无法与之比拟，但是它的地域覆盖优势、权威性、影响力仍然存在。如果掌握这些优势，操作中再联手新兴媒体，仍然可以很好地发挥整合作用，成为社会整合型媒体。湖南卫视就是一个很好很成功的典型。

如果按整合功能发挥的情况来分析媒体，媒体可以分为三个层次。第一个层次叫企业型媒体。在这个层次上，媒体操作者只是把媒体当成一个挣钱的工具，在内容上只是以传播新闻、传播信息为主，虽然也具有整合社会事物、推动社会发展的力量，但没有给予有效的发挥，它的媒体理念和社会作用跟一般的生产企业没有太大的差别。

应该说，整合功能是媒体固有的属性，因为它的表现是隐性的看不见的，所以我们把它称为“潜质”。为什么我们把报纸、电视等叫做传媒，就是因为人们认识它，首先容易看到的就是它们是传播信息的媒介，所以就用传播媒介——传媒的概念来定义它，而没有想到它们整合社会事物、推动社会发展的潜质。于是在发掘、利用这个潜质方面就缺少行为的自觉，即使偶有发挥，也没有通过深刻的思考，明确其作用之所在，最多是从信息通道、宣传艺术等角度来附会罢了。如果有时整合发生在这一层次的媒体上，往往也只是把它作为能吸引更多的广告、赚更多钱的举措。一个媒体，只有在意识和行为上都有了发挥整合功能的自觉时，媒体才能真正成为整合型媒体。

第一个层次的媒体叫企业型媒体，它只完成新闻信息的传播作用；第二个层次的媒体叫整合型媒体。媒体的操作者不断主动策划，调动受众力量，与社会某个事物的运动同步共振，整合社会事物，推动社会事物的发展。但是，这些策划基本上都是媒体工作者自身搞的。第三个层次的媒体叫社会整合型媒体。媒体的整合功能的发挥，不仅有媒体工作者自身的策划，还有大量社会上的机构、企业、个人参与策划，媒体和社会两股强大的力量对媒体进行策划，使媒体的整合作用得到最大的发挥。

社会整合型媒体有两个显著特征：第一，整合社会的次数多，频率高，不是零星的，偶尔的，而是连续不断的，大规模的，往往一波未平，一波又起；第二，这种整合不是一般的整合，而是最大地调动受众的力量，与社会某个事物的运动频率同步共振，产生强烈的共振现象。像湖南卫视超级女声800多万粉丝投票那样，像《华西都市报》的《倾力打造“川菜王国”》一石激起千层浪那样，也就是整合发挥到极点共振。

与企业型媒体相比，社会整合型媒体创造的价值是不能用报社几亿广告几千万利润来衡量的，它创造的社会价值是巨大的，甚至是无法估量的。《华西都市报》出让四川十大景区开发经营权的活动给四川景区引来了几百个亿的资金，《倾力打造“川菜王国”》推动川菜企业在几年之间抢占了全国相当大的餐饮市场，媒体给社会创造的这些巨大的社会价值，凸显了整合型传媒的巨大威力。

所以我们说，社会整合型媒体的社会价值，完全就是一部推动社会发展的加速器。

建设社会整合型媒体，首先媒体自身要培养一批熟练掌握运用整合功能的人才，将新闻队伍的创造性释放出来，不断卓有成效地推出整合社会、推动社会事物发展的报道；二是要建立一套完善的制度，让社会的机构、企业、个人不断来策划自己的媒体，不断产生优秀的整合社会、推动社会发展的策划。只有用全社会的智慧来建设的媒体，才有可能成为最好的社会整合型媒体。

一个媒体，上上下下要形成建设社会整合型媒体的追求，我们不只是为本单位赚钱，还要用更大的气力去为全社会谋取更大的利益，形成一种文化追求，这就是先进的媒体文化。我们依靠全社会的力量建设社会整合型媒体，发挥整合功能，推动社会发展，就是社会主义先进媒体文化的代表。

第二章

创意、方法：策划传媒的灵魂

一、用什么样的思维方法策划传媒才能推导出新的创意

（一）惯性思维

对于不断发展变化、结果又比较明确的社会事物，事物发展需要什么，就策划做什么。

比如，要卖汽车，就举办汽车展销会；要卖手机，就办个手机节。1997年，汽车市场开始出现时，我在《华西都市报》就搞了成都市首届汽车展销会。后来别人也在成都市搞汽车展销会，我想全省有20多个中等城市，加起来是成都市城市人口的好几倍，汽车的销售量更大，于是就策划举办了全省汽车大巡展。每次巡展才走了全省1/3的中等城市，销售汽车的数量都比成都市大。这引起了汽车厂家和商家的极大兴趣，纷纷参加。在四川全省汽车大巡展的影响下，外省也跟着搞全省汽车大巡展。

（二）逆向思维

逆向思维和惯性思维相反，不按事物发展方向想办法，而是反过来想办法。对于矛盾冲突比较激烈，原因又比较复杂（多种原因）的社会事物，找出与事物发展的常规路子相反或不一样的节点（也就是亮点）进行策划。

1995年初，成都市一家夜总会搞了一场演出，请了深圳歌手严晓萍参加。因为严晓萍与电影《北京人在纽约》里扮演郭燕的严晓频同音，为了吸引观众，就在宣传中把她说成是《北京人在纽约》的郭燕。严晓萍一出场就被观众认出是假郭燕了。新闻曝光之后，了解情况的人说，严晓萍其实是一位有实力的演员，在深圳还开过个人演唱会，这次冒名是经纪人搞的，让她身败名裂，很划不来。我一听，想

起前不久也有李艳芳冒充梅艳芳演出，觉得要针对这种不良风气搞个反策划。既然严晓萍名声受损，我们就把她请过来，以她的真名为她做一场“正名演出”。我们先是找到了严晓萍的父亲，她的父亲很支持，希望女儿在哪里倒下去，就在哪里站起来。我们把“假郭燕正名演出”的消息透露出去后，娱乐场所纷纷跑来，要求在他们那里搞这场正名演出，一时成了争相竞标的热门。演出热闹非凡，演艺界的人来了，许多过去没看假郭燕演出的也争相买票。演出之后还搞了一个讨论会。

“假郭燕正名演出”的策划，就是一个逆向思维的策划。本来，严晓萍假郭燕之名进行演出，新闻曝光，名声不好，已经是一个反面人物了。我们却反其道而行之，给她做正名演出。这确实出乎意料。但是，仔细一想，我们要允许人犯错误，也要允许人改正错误，要为别人改正错误创造条件。结果，这个策划受到了三个方面的欢迎：一是假郭燕本人，为她正名她很高兴，她在讨论会上哭着感谢大家；二是娱乐市场的欢迎，娱乐场所争当演出场地，观众十分踊跃；三是娱乐界人士欢迎，为娱乐界做了大好事。所以，逆向思维运用好了，策划可以取得很好的效果。

1999年至2000年，全国到处搞迎接新世纪的活动。其中搞得最多的一个活动就是选美。许多地方搞的活动冠以各种名字，实际上就是选美女。一个酒厂也找我给他们策划迎接新世纪的活动，我就说，他们选美，我们反其道而行之。21世纪是人才的世纪，你们就选人才，他们选美女，你们选才女，搞一个新世纪才女大赛。结果连迁居美国的中国美女都来报名参加才女大赛。我们又请了一个才女、中央电视台《读书》栏目主持人、古典文学研究生李潘来担任主持人。才女大赛开时代新风，对企业起了很好的宣传作用。这个企业还录用了其中获得名次的参赛者。这也是一个逆向思维的策划，一反选美之风而选才。

世界上野生动物园的诞生，也是逆向思维策划的案例。为了修一座动物园，决策者举行了一个专家会议，讨论怎样才能引进老虎。会上有位拓扑学家这样构思，他说：“不必再谈了，老虎已经捉住了！把笼子的内部变成外部，而把外部变成内部……”他的发言使人们大开眼界，原来是让老虎和其他野兽在动物园里大摇大摆地走来走去，而让参观的人关在笼子里，让车子拖着装人的笼子去参观动物。谁是关着的呢？这其实就是个相对论。这个拓扑学专家用的就是逆向思维的方法。

（三）多元法

2001年，我给四川旅游产业做了一个四川十大景区出让开发经营权的策划，就是一个运用多元法思维的典型事例。

2000年，我们推出"碧峰峡模式"系列报道之后，碧峰峡名声大振。2000年底，四川金川县委县政府四大班子专程赶到成都，请我们将他们的嘎达山风景区"卖出去"，像碧峰峡那样由外面的资本来经营，给报社提成30%。我们马上意识到这是一种市场需求。我想，卖一个是卖，卖100个也是卖，不如干脆将想卖的都拿来卖，形成一个市场。 于是，我就策划了出让四川十大旅游景区开发经营权的宣传推介活动。消息刚一传出，四川各市州旅游局、旅游景点一呼百应，三四天内三四百家景点单位报名参加出让开发经营权的推介活动。新闻发布会一开，海内外企业客商纷纷来电、来函咨询，有的还组织考察团，亲自到实地进行考察，极大地推动了四川旅游业的整体开发。这个活动产生了很大的影响。三天以后，云南宣布他们所有的景点出让开发经营权，接下来，浙江和其他地方也相继推出了类似活动。一年过去了，四川很多景区寻找到了合作伙伴。沉睡几千万年的四姑娘山，比欧洲的阿尔卑斯山的滑雪资源还要好，它的开发权被一家民营企业以20亿元租下。稻城亚丁的香格里拉、泸沽湖、三星堆、自贡恐龙王国、九寨沟国家森林公园等等，许多景点项目引来大量资金。一两年之间，四川旅游景点引来的资金有两三百亿元。四川旅游业出现了有史以来没有的大开发大发展景象。碧峰峡成了西部大开发的典型。国家旅游局4个局长都先后到碧峰峡视察。碧峰峡模式、四川十大景区出让开发经营权，对全国旅游景点的经营思路产生了巨大的影响和推动。

碧峰峡模式推出后，省国土局、省建委是提出了反对意见的，因为国家建委和国土资源部规定，风景名胜文物不能出租给民营企业私营老板经营，怕遭到破坏。省旅游局开始也发杂音，后来深入调查，慢慢转过来了。各种意见反映到省委省政府，领导作了大量的调查，认为我们的意见是对的，符合西部大开发的方向和精神，就出面支持我们。省委书记周永康视察碧峰峡后讲话肯定这个改革方向，并带朱镕基总理去视察。碧峰峡一下成了西部大开发的典型。省里的争论整合统一之后，北京和全国的争论又开始了。我们向全世界出让四川十大景区的开发经营权后，北京的几张报纸发表了国家建委司长的谈话，反对出让经营权。但这个时候，包括国家旅游局在内的一部分国家机关，已经接受了四川的意见，支持这项改革了。国家部委形成两种意见，全国媒体也形成两种意见，一时争论不休。上海《文汇报》采访碧峰峡后，决定做一个整版来推这个改革典型，但一征求市建委的意见就退回去了，把两种意见分成两边在同一个版推出，变成了一个讨论版。最有趣的是中央电视台，它支持做碧峰峡体制改革的对话栏目，把碧峰峡的老总都请到北京了，才发现还有争论，又停下来，半年以后，争论尘埃落定，又把老总请去做对话节目。碧峰峡老总问是不是去了又不做，他们说这次是铁板钉钉，不会变了。完全是一个迟到的对话。这场争论也引起了国际上的重视，《华尔街日报》以一个整版报道这场争论，还引用了一位官员的话，说是“这些建议引起了那些认为商业化是对中国自然和文化遗产粗暴践踏的人的愤怒……”海外和西方媒体蜂拥而至碧峰峡，美国《侨报》、法国《欧洲时报》、韩国国家电视台等等，都派出记者采访追踪这个改革引起阵痛的热点。

国务院面对两种意见，组织了7个部委组成的联合调查组，调查组反复论证，最后支持这项改革，修改了几十年前制定的已经落后于形势的法规，允许待开发和开发不完全的自然景区等视情况出让开发经营权。

这些都说明了，碧峰峡模式和四川十大景区出让开发经营权的策划，与中国旅游业发展的脉搏跳动是一致的，所以产生了强烈的共振，像刺激了“神经中枢”一样反应强烈，一波未平，一波又起。在两年多的过程中，这个策划完成了3个整合：

1. 景区与游客的整合，结果使碧峰峡这个新景区一年成为“亿万富翁”。

2. 景区与资本的整合，结果使几百个亿的资金进入四川旅游产业，促进四川旅游业大发展。

3. 全国媒体、政府、社会的整合，推动和结束了省里和全国的争论，结果是国家修改了有关法规，使部分景区作为资本单元以租赁形式进入了资本市场，大大激活了资本市场，推动了全国的旅游体制改革。

（四）整合法（包括组合法、嫁接法）

系统工程原理告诉我们，系统整体大于各孤立部分的机械相加，即1+1>2，当然若整合得很好，1+1>10，1+1>100，1+1>1000也有可能。

整合法就是把系统的各个元素，按照创意的目标进行集约整合，实现1+1>2，1+1>10，1+1>100的系统整合功能。

整合出效益，整合出奇迹。有时看起来根本不可能实现的东西，一经优势互补、智能匹配，就可以将原有的功能放大成千上万倍，形成原子爆发式增长。像美国的阿波罗登月计划，可以说其单项技术并没有多少创新，许多单项技术是日本人、法国人、德国人发明的，但经美国人一整合，就实现了人类跨向月球的千古之梦，这就是整合的功劳。

（五）裂变法

裂变法就是由一个事物裂变生发成几个分事物，把对一个事物的策划，变成对裂变出来的几个分事物进行策划。反映出对事物认识的层层递进不断深化的关系。用吞吃一个事物又一个事物的办法来解决问题。

二、如何培养创造性的创意能力

人们的思维方法是在长期的学习和生活实践中逐步形成的，有的还形成了各种各样的复合思维定势。所以，加强思维方法的训练，是想成为一个高素质的策划人最重要的事情。

思维方法训练的捷径是学哲学，学数学，学习各种科学发现的思维过程的个案。马克思说，数学是人类思维的体操。他又说，数学是哲学的表达式。

数学家王梓坤院士写了一本书——《科学发现纵横谈》。全书纵览古今，横贯中外，从自然科学发展的历史长河中，挑选出不少有意义的发现和事实，讲述了一两百位中外科学家和百余项古今科学发现的思维过程，观点清晰，脉络分明。作者以数学家严密的逻辑思维和广博的学识结构，从分析一位或几位科学家、一项或几项科学发现的创造性思维过程，来说明人类思维的某一个规律或道理。这实际上是一本学习思维方法的教科书，讲那些科学家是怎么进行思维的，怎么进行创造性思维的，用什么方法去解决遇到的难题。看看人家是怎么想出来的，对自己的思维很有启发。

创造性的创意能力主要表现在以下几个方面：

（一）有概念化的能力。

即能把所有相关信息抽象概括归纳为一个概念，一个口号，一个目标，一个命题。

比如，把组织成都全市市民支援府南河工程的行动概括为“府南河工程百万市民大参与”；把川菜企业连锁全国连锁全球的扩张概括为“倾力打造‘川菜王国’”；把碧峰峡风景区出让开发经营权的事情，概括为“碧峰峡模式”；把全国大面积海选女歌手的策划概括为“超级女声”；把超级女声调动传媒力量为自己服务的现象概括为“策划传媒”等等。“超级女声”不叫“超级女生”，而叫“超级女声”，用的是“声音”的“声”，而不是“学生”的“生”，一字之差，创造出来的意境就完全不一样。

（二）有敏锐的关联性反应力。

即对策划事物的相关联的人、产品、市场以及各种关系要反应灵敏，并能综合起来条分缕析。

（三）有丰富的想象力。

一有线索、元素进入视野，就能产生联想，对比，模仿，能创造出新的意境。

比如，1995年夏天，成都市政府府南河工程指挥部开会，给新闻界介绍第四季度沿河两岸10万居民大搬迁，以保证府南河工程顺利进行。政府要新闻界做好配合报道。我就想策划一个活动。什么活动呢？思路还不明确。时逢纪念抗日战争50周年，一天晚上电视台播放《黄河大合唱》，这一瞬间，我的联想完成了创意，这个活动就叫“府南河大合唱”！整个活动包括10万居民大搬迁、百万市民大参与、告别旧府南河摄影、各种座谈会、书画展览，等等，最后举办一场名叫“府南河大合唱”的电视文艺晚会。

有一次，我请毛新宇吃饭，地点是成都的公馆菜。什么是公馆菜呢？20世纪二三十年代，成都的富人时兴修公馆，太太小姐们在公馆里除了打牌，就琢磨如何弄吃的，慢慢就弄出一些菜品，在公馆里流行，形成公馆菜。毛新宇问我，什么是公馆菜？我就冲口而出：就是四川名人的菜！你看，这些菜都出自省长、军阀、画家、医生、教授的家。就在这一瞬间，我的联想同坐在面前的毛新宇发生了碰撞，从四川名人马上联想起全国名人，联想起毛泽东，联想起毛家菜，脑子里迅速完成了一个创意，于是接着说，我要在北京办一个餐馆，名叫“元首宴”，就像公馆菜汇集四川名人的菜一样，汇集全国名人的菜，汇集毛泽东、周恩来、邓小平、江泽民、宋庆龄等全国名人家里吃的菜，宴会上吃的菜，也像公馆菜那样，许多菜都有一个故事。从公馆菜到元首宴，就是思维联想的结果。

（四）有系统概念化的能力。

即从多角度进行思考，能理清和把握事物纵横交错的系统网络，用系统概念加以概括、归纳、延伸、构造。

（五）有洞察事物发展规律的能力。

这是最重要的能力，即能把握事物的发展趋势，按事物发展的规律对未来做出预测、判断，部署应该采取的行动安排。比如四川十大景区出让开发经营权。

（六）有把握时尚潮流的能力。

这样才能站在潮头做出弄潮儿的策划，主宰和推动潮流的发展。

比如，蒙牛2003年“中国航天员专用牛奶”的策划。航天是新时代最新时尚，航天员要保证上天的体质，必须喝最放心的牛奶，喝航天员的牛奶就会成为新潮流。他们组织召开了数十次专家讨论会，所邀请的国内外专家多达数百人。国内外媒体围着此事做了大量报道。

（七）有多元化的知识结构。

首先要有各个领域各方面的信息和知识，接收信息后能对它们进行咀嚼、加工、提升、包装和改造，创造出杂交各种文化各种知识各种表现形式的新创意。

（八）有若干个定势创意思维反应堆的储存。

人的头脑就像一颗原子弹，一座思维反应堆，一台电脑，用各种各样的知识、方法、经验，组成各种各样的硬件、软件，在完成一定积累的基础上，就会对信息进行加工，产生新的创意。特别是思维库中一旦建立了若干条思维创意路线，形成若干个定势创意思维反应堆，就像围棋中要倒背如流的若干个定式一样，能对相关信息在瞬间内形成新创意，产生思维飞跃的电闪现象。这就拥有了无穷无尽的创造力，无限创意的爆发力。当信息出现时，大脑就打开了记忆、想象、联想的闸门，爆发思维风暴，产生纵横驰骋、奇幻美妙的思维波，最后拿出具有创造性的新创意。人类的文明，自然科学和社会科学，其实就是人的思维波、思维风暴创造出来的。

创意的产生有一种突发的表现形式——灵感。人们在思维达到高潮的时候，往往以“一闪念”的形式，出现一种最富有创造性的思维突破。古往今来的重大科学发现和技术发明，都与科学家的灵感思维有关：诗人、文学家的神来之笔，军事家的出奇制胜，思想战略家的豁然贯通，科学发明家的茅塞顿开，等等，无一不是灵感的作用。人们在创意过程中往往冥思苦想，对要解决的问题反复思考，经常陷入冥思而不得其解，但灵感到来之后，又“踏破铁鞋无觅处，得来全不费功夫”。

灵感，代表一种灵气，出神入化的思维飞跃。灵感，也是一种积累，是思维方法累积而成的思维反应堆，投进信息原料就可以点燃火花，引起一场新的创意灵感的总爆发。灵感，是创意中的神来之笔、点睛之笔。

如果说一个人很有知识，那只能说是一座图书馆；如果说一个人有若干个定势创意思维反应堆，那就是有智慧库。一个人需要很有知识，也就是需要一座图书馆；但是，一个人更需要有若干个定势创意思维反应堆。因为知识要变成财富，更需要的是智慧。智慧是比知识更高几个层次的知识。

三、思维方法错误导致策划传媒失败的案例

（一）尼克松水门事件危机公关的失败。

水门事件被《华盛顿邮报》等媒体曝光之后，尼克松在思维方法上犯了两个错误：一是轻敌，以为过一阵子就过去了；二是继续使用窃听的办法对付《华盛顿邮报》和调查水门事件的部门，结果越弄越糟。他继续搞窃听，正好与对手的估计一致，人家早就准备好了应对措施。双方就像在下一盘棋，你策划我，我策划你，一场智力对弈，就看谁更高明。尼克松应对水门事件如果换一种思维方法，比如按兵不动，静观其变，可能就会是另外一种情况。

（二）郑州飞机撒广告传单撞倒高楼的悲剧。

20世纪八九十年代，郑州某企业搞大型活动，为了引起社会和媒体的重视，弄一架飞机在城市上空飞，又作空中表演，又散发传单和物品，企业只想到增加刺激度，没有从安全角度多想，城市高楼林立，表演难度多大。谁知它设想的轰动效应产生了，吸引了很多人观看；没想到更大的轰动效应也出现了——飞机撞倒楼房掉了下来。整个策划不仅前功尽弃，连企业也给搞垮了。策划变成了一场悲剧。思想上只追求刺激，忘记了计算安全系数。

（三）韩国女演员李丞涓拍摄裸体写真集的策划使她身败名裂。

1992年当选韩国小姐的女演员李丞涓，拍摄过电视剧《冰之恋》、《双色婚纱》等，曾在中国热播，是韩国炙手可热的明星。2004年，韩国三家娱乐公司给她策划拍摄了一部视频写真集，一改过去艺人单调而无主题的裸照风格，以从军慰安妇为主题进行拍摄。这一视频写真集将提供给网络和无线收费服务，同时出版同名写真集书发行。2004年2月12日新闻发布会上，李丞涓说这次的拍摄一部分收入将捐给从军慰安妇老人，在拍摄的时候想到当时的从军慰安妇们，她一直在流泪。

第二天消息一公布，即刻在社会上引起轩然大波。曾遭日军迫害充当慰安妇的132名韩籍老妪及“韩国慰安妇问题对策协会”、“韩国女性团体联合”等市民团体，发表联合声明，谴责“李丞涓的写真集是将日军慰安妇等受害妇女再度作为性商品化之对象，完全以商业利益为出发点，严重刺痛慰安妇老人尚未痊愈的心灵创

伤”。并要求李丞涓立即中断该拍摄，并向社会民众道歉。她们向首尔地方法院提出申请，敦促法院对“李丞涓之从军慰安妇写真集”禁止播放及出版。13日，百余名当年被迫成为从军慰安妇的老人集体到该策划公司示威。网上出现了强烈声讨李丞涓的各种网友社区，强烈谴责李丞涓利用韩国民众痛苦的血泪史赚钱。他们决定向妇女部呈文要求剥夺李丞涓的国籍，同时禁止李丞涓演出，全面展开“封杀李丞涓”的运动。网上调查显示：网民对李丞涓的赞反比率达到1:9。《朝鲜日报》发表名为《脱光的商人诬蔑历史》的评论说：“无论从哪方面讲，这都不是在正常的精神状态下进行的。在被强制抓去当慰安妇的老奶奶在日本大使馆前举行示威的情况下，竟然想出这样的方法牟取暴利，实在让人难以接受。”

事态一步步升级。公众要求李丞涓和策划公司立即向全国国民谢罪。李丞涓的演艺活动受到致命打击。韩国KBS电视台明确表示将已经拍摄好《星期日101%》中李丞涓的镜头删除。迫于压力，参与这次事件的策划公司决定，十余名高层于16日集体削发谢罪。策划公司将一切责任都推到朴理事一人身上。策划公司股价狂跌，面临破产。李丞涓曾经当选为韩国小姐，一些网民开始要求在韩国小姐名单中除去李丞涓的名字，并要求李丞涓永远不得出国。

这次事件，策划公司直接损失数十亿韩元。李丞涓的形象几乎毁坏。17日，李丞涓主动到幸存慰安妇老人居住的老人院登门谢罪，李丞涓跪在老人院门前，泪流满面地说：“一切都是我的错，我不知道该说些什么，我会对一切后果负责。”下午又来到首尔慰安妇问题对策协会进行谢罪。韩国民众不领情，要求李丞涓永远退出娱乐圈，永远离开韩国，甚至有大学生提出她应该自杀谢罪。策划公司在公司的停车场公开烧毁了所有的影像资料。

李丞涓并没有因为下跪赔罪、烧毁写真而获得安宁。24日，韩国某房地产公司向媒体透露，将把他们的广告代言人李丞涓告上法庭，索赔上亿韩元。

这次风波也波及中国。原计划在中央电视台2004年4月重播的《初恋》被取消，该剧主角之一就是李丞涓。（参见吴灿著《策划学》，中国人民大学出版社2004年第1版）

拿民族历史的伤痛来做策划的创意以求知名度，这种思维的方式太成问题。性和裸体本来就敏感，再和历史屈辱一碰撞，火花就燃成烈火。这个策划彻彻底底地毁掉了策划公司及当事人李丞涓。李丞涓成为韩国小姐之后在演艺圈摸爬滚打13年，一个错误的策划使她13年的努力功亏一篑，身败名裂。

这三个策划，新闻性都很强，但都是策划了使自己失败的新闻，而且是大新闻。策划的最后结果与初衷完全相反，事与愿违，走向了反面。这是思维方法的错误，最后适得其反。这种策划的教训应该牢牢记取。

四、营造氛围的艺术性和隐秘性

前面讲的是策划创意的艺术，这里再讲讲营造氛围的艺术。

为了使策划传媒达到很好的效果，一定要想办法加强策划产品的艺术性，要营造一个受众易于接受的氛围，使受众在不知不觉中从内心深处产生持续而忠诚的认同。也就是把策划者的目的隐藏得深些，让受众一点也不易察觉。

最高明的策划者就直接策划生产艺术品，像日本航空公司拍电视连续剧《空中小姐》。其实电影也是一种很好的传播媒介。电影《少林寺》就使少林寺的旅游一夜之间火了起来。《大红灯笼高高挂》就使山西乔家大院的旅游火了起来。

毛主席说过，反动的作品，艺术性越强越反动。这句话也可以这样说，带广告的艺术作品，艺术性越强，广告效果越好。这也就是策划传媒的真谛。你要搞得天衣无缝，就像超级女声那样，星期五晚上男男女女老老少少就乖乖地坐到电视机前，等到看几进几的电视PK晚会，中间穿插多少广告他也乐意。

巴黎圣母院在欧洲的教堂中算不了什么，德国科隆大教堂、英国伦敦的教堂，都比它大得多。就在巴黎，也有一个圣心大教堂，比巴黎圣母院还大。可是，参观游览巴黎圣母院的人就比那些教堂多得多。原因就是大作家雨果写了一本《巴黎圣母院》的小说，就使它扬名天下。两百多年来各种文字的《巴黎圣母院》不知再版了多少次，《巴黎圣母院》的电影电视剧也反复拍了多少次，多少人一到巴黎就要去巴黎圣母院。《基督山恩仇记》的书出了以后，多少年来，一些人就跑到海上去寻找基督山，乐此不疲。

法国人很早就懂得利用策划传媒。两百多年前，科幻小说作家凡尔纳写了一本科幻小说，叫《八十天环绕地球》，在《巴黎时报》上连载，故事性很强，读的人很多。主人公福克在仆人路路通的陪同下，乘坐各种交通工具环绕地球，冒险旅游，遇到各种各样的困难险阻，遭到海盗的抢劫，野兽的围困，土著人的袭击，滔天巨浪几乎船翻人亡，恶劣气候使他病倒，九死一生，惊心动魄，惊险刺激，悬念迭起，让读者天天都放心不下。每天一些人就坐在咖啡馆里，等到看这个连载，看主人公又怎么样了。连载到后来的时候，主人公已经无路可走了。一个轮船主要求作者凡尔纳让主人公搭乘他公司的船过太平洋，饭店老板要求主人公住的饭店用他饭店的名字，有人要求主人公身上的东西是他们公司生产的……这些人要求报社转告凡尔纳，报纸就把这些要求也给登出来。当然，凡尔纳瞧不起这些商人，一个名字也没有用他们的。但是，这些商人是有策划传媒意识的，是很聪明的。

我们把巴黎商人策划传媒的事情再往前推导一下。如果这个轮船主就雇一个作家，叫他写出一本《几十天环绕地球》的畅销书，在书里主人公几次遇到困难险境，都奇遇似的坐上了轮船主公司的船。这不就成了提前策划传媒了么！不是看到书已经畅销了，才想起自己的产品要搭乘畅销书的传媒去影响市场；而是为了我的产品，预先就精心炮制一本书、一部电影或者电视剧。电影《手机》影响很大，我们假设这部电影是生产手机的公司策划拍摄的，比如TCL出资策划拍摄《手机》，里面也不用突出TCL，只是让主人公使用TCL手机，银幕上出几次特写，这就巧妙地做了一个广告，会产生很好的广告效果。整个电影故事还是那样，电影的艺术质量和市场效果并不受影响。手机厂商为什么不这样策划传媒呢?!

韩国的三星集团可谓是这方面的高手。好几年前，他们为了进军和征服中国市场，就投资拍摄《我的野蛮女友》等电影、电视剧。青春、靓丽、魅力四射的剧中明星们一律使用三星公司的产品，从手机、超薄笔记本电脑到家电、服饰，刮起一股强劲的韩流。整个电影烘托出一种氛围，似乎三星电子的品牌就代表着快乐、运动、时尚和前卫，年轻人纷纷以自己与车太贤、全智贤用同样品牌、同样款式的东西为骄傲。结果可想而知，三星产品在中国的销量直线上升，其超薄笔记本电脑一年内居然创下市场占有率20%的神话，产品总销售额从1998年166.4亿美元增长到2002年的338.6亿美元。

青春偶像剧《将爱情进行到底》是由爱立信手机商投资拍摄的，剧中通过几对情人的离离合合，完整表现了爱立信的情感诉求。其中有一段故事感人至深：坠入爱河的女主人公文慧，精心安排与心上人杨铮一起去看海，由于阴差阳错，杨铮错失良机，以致就此分手。失恋的杨铮只身南下海滨城市谋职，当他深夜踯躅于海边时，强烈的相思之情促使他举起爱立信彩壳768c手机，扑向波涛汹涌的海浪，向心上人呼喊着："文慧，你听到了吗？大海、大海的声音！"文慧热泪纷纷地回应着："杨铮，听到了，我听到了大海，我还看到了海上满天的星星……"爱立信手机使一对有情人心心相连，成为承载激情推动剧情的重要象征。产品和艺术完美地融为一体，令人久久回味。

出书，拍电影、电视剧，现在还可以拍网络电视剧，都是构建一个媒体通道，一个为企业服务、为产品服务、为我服务的媒体通道。现在又有人注意到网络游戏。2006年的一项最新的调查结果显示：中国互联网上网人数已经超过1.2亿，宽带接入用户已经超过3010万户。中国人成为全球上网大户对营销人员来说意味着什么？敏锐的营销人士早已经从网络游戏中注意到了其中的商机，有的已经先行一步。2005年10月18日，娃哈哈与腾讯正式签署了战略合作协议，合作第一期的规模是两亿瓶娃哈哈在“营养快线”饮料上将打上腾讯游戏产品的图标。而早在2005年夏天，可口可乐和九城《魔兽世界》、百事可乐与盛大《梦幻国度》都已经携手共推品牌。

另外在QQ游戏中，一件虚拟衣服要2元人民币，如果把这些衣服卖给品牌服装商呢？效果也是一样。以后的QQ用户如果拥有自己的房子，这时候可以到虚拟网络中的沃尔玛采购到海信电视机、海尔冰箱、方太抽油烟机，同时也可以开着宝马汽车四处招摇。面对如此庞大的网络游戏玩家，你会不会策划它来为自己的什么产品服务呢？

还有一个用写书的办法制造悬念，吸引受众主动参与的经典例子，就是英国作家其特·威廉姆斯。他1980年出版了一本名为《化装舞会》的儿童读物，要小朋友根据书中的文字和图画找出一件“宝物”的埋藏地点。“宝物”是一枚制作精巧、价值不菲的金质野兔。此书一出，立即在社会上引发了一场“寻宝大战”。很多人童年时期都有过寻宝的梦想，所以不仅是小孩，连很多成年人都参与了进来。在长达两年的寻宝过程中，《化装舞会》一书和“宝物”始终是大众和媒体关注的热点。“宝物”到底藏在哪里？要多久才会有人找到？谁能既聪明又幸运地发现它？这些悬念一直刺激着人们。直到两年以后，一位工程师在伦敦西北部的浅德福希尔村发现了那个金兔，这本书已经卖出了200多万册。

2004年11月，美国儿童小说家、亿万富翁麦克尔·斯塔德萨写了一本童话寻宝书——《大宝藏》。他为该书准备了14件珍宝，最低价值数千美元，最高的达45万美元，总价值在100万美元以上。斯塔德萨在美国各地藏了14张兑换券，聪明的读者可以按照书中的线索，破解密码，最终找到这些兑换券。结果14张兑换券都被人找到了。找到最后一张兑换券的是加利福尼亚州的一名51岁的妇女，名叫埃米·科勒。埃米是一名家庭主妇，自从迷上《大宝藏》后，每天早上丈夫一出门，她就把书翻出来研读，有时她的表姐也上门来，两人一起分析，上该书的网站，看斯塔德萨的电视采访，不放过任何一个可能的线索。读了13遍后，埃米突然开窍了，最终在旧金山金门大桥附近发现了这张兑换券，用它换来了一颗价值2万美元的钻石。当然，这本书的商业效益是巨大的。《大宝藏》出版后很快就登上畅销书排行榜，至今这本书还在热卖。麦克尔·斯塔德萨还将在以后推出一部名为《炼金术士达尔的秘密》的童话书，书中一个名叫达尔的炼金术士在全球各地埋了100件珍宝饰物。读者可以根据书中提供的线索，破解密码，在世界各地寻找到总价值100万英镑的珍宝，其中最值钱的一枚宝石价值53万英镑。他提前几个月就在媒体上发出书的出版预告，也是为了借传媒造势。

英国著名小说家毛姆写了一部很有价值的书，出版后无人问津。他就别出心裁地化名在各大报刊上登出征婚启事："本人喜欢音乐和运动，是个年轻又有教养的百万富翁。希望能和毛姆小说中的主角完全一样的女性结婚。"结果反响火爆，几天之后，在伦敦毛姆的书被抢购一空。毛姆从此成为一个畅销书作家。

贾平凹写了《废都》，未出先热，他的策划是模仿有争议的名著《金瓶梅》，大量描写男女情色，但又不能出轨，就在书中留下大量的空白格子"□□□"，并标明"此处删去多少个字"，让读者去挖空心思地想这是什么字。人们都好奇，一时争读《废都》，洛阳纸贵！

汤小明策划销售《穷爸爸、富爸爸》，先通过媒体推销"财商"概念，指出中国人迫切需要改变传统的挣钱模式，学会"通过投资赚钱"，即以钱赚钱。在大家都最需要想知道如何赚钱的时候，《穷爸爸、富爸爸》一书上市。他又邀请该书的作者罗伯特·清崎和"富妈妈"莎伦·L. 莱希特女士来中国进行一系列关于"财商"的演讲，探讨"青少年财商素质教育"话题，并宣传新的理念："贫困才是万恶之本。"在这种时代主题的吸引下，各大媒体纷纷加入对"财商"的报道和讨论，罗伯特·清崎还被请进了中央电视台《对话》栏目。结果该书销售连续9个月高居财经类图书排行榜前列。随后，汤小明几乎用同样的手段策划了《谁动了我的奶酪？》，媒体的跟进再度让其销量创下140万册的神话。

类似的故事很多。《哈利·波特与魔法石》1998年就已经上市，但一直默默无语地躺在书店里卖不动。3年以后，随着电影《哈利·波特》的引进和热播，《哈利·波特与魔法石》及其系列书一下子登上畅销书排行榜，持续畅销。《钢铁是怎样炼成的》一书，借助同名电视剧的播出，2000年3月一举登上文学排行榜榜首。《亮剑》一书2000年就已经上市，5年时间里一直没有进入读者视线，2005年电视连续剧《亮剑》开播，该书的销量很快就蹿了上去，一度排在虚构类排行榜榜首。有趣的是，中央电视台《百家讲坛》推出"正说清朝十二帝"的讲座后，作者和央视都没有意识到去挖掘讲座出书的可能性，中华书局看到传媒已经把势造够，不用策划传媒也都水到渠成了，乘机推出《正说清朝十二帝》一书，而且搞出一系列"正说"丛书，结果在市场上创造了一个奇迹，连续几个月名列学术文化类图书排行榜榜首，在非虚构类图书排行榜上也名列前茅，反过来又提高了央视《百家讲坛》的知名度。影视和图书两种媒介形成互动。其实，中华书局推出《正说清朝十二帝》一书，也是一种策划传媒，只不过是传媒造势在前，策划的意识和收获效益在后，这是一种“摘桃子”式的策划传媒，是更高级的策划传媒，投入很少（几乎没有），收益很快。这是高智慧的人才才能看到的策划商机。

五、常见的策划方法

（一）借势法

这是最常见和运用最多的策划方法。所谓借势，就是借助别的社会事物的强大势头，把自己推向前进。这些社会事物包括重大事件、突发事件、大人物、名人等等，由于这些强势事物已经具有相当大的影响力，策划者就从自身寻找出可以“靠上去”的契合点，让受众因为对他们的关注而顺带关注到策划者提供的信息。这样，强势事物就做了借势者跑步前进的铺垫。借势者之所以能快速前进，其中很大的力量是来自强势事物的拉动，是他们的强大势头拉着借势者往前跑。没有这种强势事物的带动，借势者根本跑不了那么快。

借势的基本原理，就是借助强势事物的强大影响力，来带动和提高自己运动的速度。这是牛顿力学的基本原理——惯性定律在社会学的运用。社会上的傍大款、傍名人、背靠大树，用的就是同样的手法。

2001年中国足球队首次冲进世界杯决赛圈，这无疑是当时最重大的新闻，奥克斯空调借这个势，从足球的火热和空调的制冷之间寻找到一个结合点，把广告语改为一个口号：“火热的事业，冷静的支持。”同时聘请“神奇教练”米卢为形象代言人。这样一来，奥克斯空调就借中国进世界杯决赛圈之势，一下火起来。

2003年，“神舟”五号载人航天，在中华民族发展史上是开天辟地的大事。在这之前，只有苏联和美国两个超级大国载人飞天，全世界的宣传机器将关注它，没有什么事件会调动这么多的媒体和牵动这么多人的心。很多企业瞄准这件事做策划。蒙牛的策划拔得头筹：“中国航天员专用牛奶。”航天员是万里挑一的空军精英，身体无比金贵，食谱规定就达8页之多！其保健之严格，不亚于一国元首。中国首次载人航天的成功让人们记住了“神舟”五号，记住了“杨利伟”，同时也就记住了“中国航天员专用牛奶”——蒙牛。在“神五”成功落地后，几个小时内，蒙牛就把自己的广告铺盖到全国30多个城市的大街小巷，蒙牛的电视广告也出现在全国几十家电视台的节目中。蒙牛借“神舟”五号载人航天之势的策划大获全胜。

蒙牛在这方面的策划显得老谋深算，它的借势打了半年的提前量。为了在“神舟”五号飞天之后几小时内就推出广告，让消费者在这个“很突然”的重大事件面前亮相，蒙牛早在2002年上半年，就与中国航天基金会进行接触，并于2003年初成为中国航天事业首家合作伙伴。这个时候距离“神舟”五号飞天有半年时间，飞天能否成功尚无人完全知晓。蒙牛成功就在于它的策划高瞻远瞩。这种策划如果不事先做，事到临头再去联系已经来不及了，等谈判好了，“神五”飞天的势头已经过了。就像前面讲的读《八十天环绕地球》的法国商人，看到小说畅销了才想起推销自己轮船公司的名字，那就晚了。

借名也是一种借势。名人明星永远都是大众关心的对象，媒体曝光率高，具有很大的新闻影响力和感召力。

有一个经典的借助名人的故事：一个书商手头积压了一批书，如何才能将它们卖出去呢？书商给总统寄去一本书，然后频频打电话去征求总统的意见。日理万机的总统根本不可能有时间去看那本书，对书商的催问不胜其烦，只好礼貌性地让手下随便回复了一句“这书不错”。这一下书商如获至宝，立即大肆宣称：“现有总统十分喜爱的书出售。”那批书很快被一抢而光。不久后，书商又进了一批书，他如法炮制，又给总统寄去一本。被利用过一次的总统决定奚落他一顿，于是回复道：“这书糟透了！”心想这下你没办法了吧。谁知书商又大肆宣称：“快来看看总统讨厌的书是什么样子！”结果书又一次被一抢而光。第三次，书商还是寄书过来，总统干脆置之不理。没想到书商自有新招，宣称：“这本书居然连总统都难下结论！欲购从速啊！”结果人们买书比前两次还要积极。

“名人效应”曾经成就过不少企业。1993年，著名表演艺术家、中国戏剧协会主席李默然为三九胃泰做广告，令该药一夜之间名闻天下。1996年，爱多VCD几乎花全部家当请香港巨星成龙拍广告片追求高端制胜，接着步步高VCD照葫芦画瓢，请出李连杰为形象代言人。

正是因为名人具有强大的吸引力，不少现代企业都流行聘请他们为形象大使、形象代言人、品牌推广人，即使是申办奥运会这样的政府行为和预防艾滋病这样的公益宣传，都十分注重名人效应。具有公众亲和力的名人在普通受众和相对陌生的产品（事业或活动）之间充当中介，可以更有效地完成双方的信息对接。像篮球巨星乔丹作为耐克公司的形象代表，很容易让受众将乔丹身上所具有的健壮、灵巧、智慧、领袖感等完美品质折射到耐克运动产品上去。

天津自行车厂是中国第一家自行车厂，现在已成为全世界最大的自行车厂家，日产量达1100辆，每天生产的自行车可排20公里长，年总产值7亿元，销往16个国家和地区。然而，就是这个世界最大的自行车厂，却始终未能打进自行车需求量大的美国市场。

1989年2月，天津自行车厂听到一个消息。新当选的美国总统布什要访华。布什在1974—1975年任驻北京联络处主任时，经常与夫人一起骑自行车在北京闲逛。他们认为骑车既可健身，又可直接接触普通百姓，了解中国社会。这位“汽车王国”的大使爱骑自行车一时传为佳话。他们夫妇骑车在天安门前的留影发表后，获得“自行车大使”的雅号。于是，天津自行车厂便设法将本厂的名牌自行车——“飞鸽”牌自行车赠给布什，借名人宣传“飞鸽”自行车。他们经过努力，得到了有关部门领导的支持。

1992年2月25日，在钓鱼台国宾馆18号楼的大厅里，李鹏总理将两辆崭新的“飞鸽”自行车送给布什夫妇。布什夫妇仔细地看了看车子，连声说；“好极了，美极了！”布什总统兴致勃勃地在众多的记者面前骑上车子，让他们拍照。他还风趣地对记者说：“我保证明天早晨要骑一骑。”李鹏总理笑着对布什总统说：“以后你可以在白宫里骑。”.

国内外上百家报纸对此进行了报道，还刊登了布什总统在国宾馆骑自行车和当年布什夫妇骑“飞鸽”在天安门前的照片。新华社专稿写道；“飞鸽”自行车伴随白宫新主人飞向美国。人们祝愿，这一对“飞鸽”将带去中国人民对美国人民的深情厚谊，为进一步促进中美友谊做出贡献。

“飞鸽”不仅带去了中国人民的友谊，也为企业带来了经济效益。从此，天津自行车厂的产品带着“飞鸽”商标进入美国市场，连续三批“飞鸽”自行车以其美观的造型，可靠的性能和鲜艳的色彩，赢得了美国顾客的喜爱。

“飞鸽”自行车在这次活动以前用别人的商标已经进入美国市场。它们被挡在美国市场的大门外，绝不是质量问题，而是知名度问题。这次他们就巧妙地利用了名人效应，抓住了机会，就成功了。

（二）“吵架”法

这个方法的关键是制造热门话题，特别是能够引起争论和“吵架”的话题，形成热点，用争论热点吸引大多数人的眼球。

吵架为什么能吸引人去关注？因为人人都有好奇心，总想窥探人家的隐私，想弄清楚他们为什么吵架，到底谁有理，最后会吵出个什么结果。吵架的整个过程都有悬念，就像看比赛一样，想知道最后谁输谁赢。

传媒上如果两种不同意见形成“吵架”，和大街上两个人吵架一样，同样吸引受众。悬念驱使人们的好奇心，要去探个明白，问个究竟。如果这个问题与受众的切身利益密切相关，那就更要追着不放，一直要追踪看到底。

传媒上报道两种不同意见的“吵架”，也有同样的效果。

超级女声运用这个方法达到了无以复加的地步。他们把“吵架”作为一个产品，一个武器，一个生产链中的一个链条，在超级女声的全过程中组织生产。这是他们扩大超级女声影响的一个法宝。这个人的粉丝和那个人的粉丝吵，评委和参赛的女生吵，粉丝和评委吵，评委和主办单位吵。主办单位的知情人士还故意散布一些所谓内幕，整个过程不同意见的争论、吵架、黑幕此起彼伏，一浪高过一浪，不断地吸引人们来关注它。当时不明白为什么搞成这样，以为真有那么多黑幕，现在回过头来看，很多就是他们要的手法，是他们的策划。现在要利用网络散布各种各样的真假信息，是很容易的。人们总是对内幕、争论不休、吵架打架的事关心。爱看热闹看吵架看稀奇是人的本性，湖南卫视就充分抓住人性的这个弱点，也是特点，来做文章，达到了比较理想的效果。

农夫山泉在媒体上制造“吵架”，使农夫山泉迅速占领市场，也是一个典型例证。

2000年4月24日，生产和经营农夫山泉的养生堂公司，在它的千岛湖水厂即将建成投产之际，悍然向纯净水发难，公开向媒体宣布：经实验证明纯净水对健康无益。农夫山泉从此不再生产纯净水，而只生产天然水。养生堂在记者通气会上说，虽然我们搁置一条纯净水生产线会给企业带来上千万的损失，但养生堂公司有义务对饮用水健康问题负起责任。

养生堂发言人在会上说，天然水和纯净水是不一样的，不同的水对生命的成长有不同的意义。一系列实验研究表明，天然水中含有的钾、钠、钙、镁等离子对生命成长有明显促进作用，而纯净水是自然界原本不存在的人造物，违背了人类进化过程中水与生命的和谐性。生产纯净水初衷是良好的，但是违背了自然。对水的要求不能仅止于纯净。水中的矿物质离子能直接进入人体细胞，快速、直接补充养分。当没有营养物质、没有离子的水直接进入细胞的时候，细胞就出现真空。水参与人体的生命代谢过程。据联合国世界卫生组织认定，人体必需的矿物质和微量元素有5%到20%只能从水中获得。以前我们以为微量元素不从水中获得还可以从其他食品中获得的论点是不够科学的。

农夫山泉宣布自己停止生产纯净水，潜台词是请其他厂商也停止生产纯净水，乃至整个行业都停止生产。

农夫山泉金蝉脱壳之后的反戈一击，对于纯净水厂家而言，打击是极其沉重的，并且使纯净水陷入说也不是，不说也不是的两难境地。众多纯净水厂家选择了集体反抗。5月19日，广西53家纯净水生产厂家率先反对，代表们齐聚北海，声讨农夫山泉的“喝纯净水无益”的说法。5月30日，广东省瓶装饮用水专业协会又邀请全国食品工业标准化技术委员会和广东近20家饮用水生产厂家的负责人在广州召开专题座谈会。这次“2000年维护纯净水健康发展研讨会”发表联合声明，集体声讨农夫山泉的不正当竞争行为。

农夫山泉对联合声明迅速做出反应，当晚8：30召开记者招待会，广邀正在杭州采访以上事件的全国各地新闻媒体记者，在会上针锋相对。与此同时，农夫山泉又将争论的焦点转移到“水标准”上，宣布6月15日，农夫山泉在广州“摆擂”，跟参与“瓶装饮用纯净水”国家标准的制定者切磋。

在这个过程中，有关法律专家也耐不住寂寞，积极从法律角度参与讨论。

其实，农夫山泉发动的这场“水战”，本身就是一场没有结论的命题。大家反应越激烈，言辞举动越过火，新闻跟踪报道的力度越大，农夫山泉就越得意。你一句，我一句；你一帮人，他一帮人，消费者不知道谁对谁非。农夫山泉赢就赢在这个你来我往的过程。最让农夫山泉担心的反倒是，各个厂家装聋作哑，不搭理农夫山泉的这个茬儿。所以，配合农夫山泉的声明，其广告、试验等活动，除了市场推广方面的作用之外，还有一个作用就是，一步步挑逗各个纯净水厂家，让他们表态反对，以把这个事件拖长。时间拖得越长，对农夫山泉越有利。为了把事件扩大化，农夫山泉甚至致函全国食品标准化委员会，限期7日内对天然水的问题给予答复，否则要“自动进入法律程序”。被标委会斥为“嚣张、狂妄”的评价也成了新闻。但农夫山泉却在消费者心中树起为民请命的斗士形象。通过近两个月的争论，农夫山泉的水源概念和天然水的品质深入人心，取得了预期效果。

（三）煽情法

煽情是策划传媒中的常用方法，也是媒体策划的常用方法。这个方法就是运用人性论原理，使用煽情的手法制造和大演情感戏。

人性，情感，小女生的哭和笑，成了超级女声运作的一大法宝。在主持几进几的竞选晚会上，用煽情的手法，把情煽个够，煽得这些女生又哭又笑又闹，马上就要投支持者的票。他们把那些多情善感的女生弄到竞选现场，用又哭又笑又闹的现场激情表演，来煽动电视台前观众的情绪，于是电视台前的女生就坐不住了，上街的，行动的，发短信的，像火山一样爆发。几百万的短信就这样给煽动出来了。

都市报的许多新闻策划用的就是煽情法。把那些受苦受难的人和故事、情节、思想斗争过程，写得悲痛欲绝，让人跟着同情，跟着经受痛苦磨难，跟着流泪痛哭，引起共鸣，于是跟着奔走呼号，呐喊，甚至采取行动。中国古典悲剧就常用这个办法，达到艺术的完美境界。《华西都市报》的解救三陪小姐、陈道容之死、孩子回家行动等新闻策划，都采用了这种手法。《华西都市报》每天一个特别报道，用煽情的社会故事吸引人，更是将煽情的手法用得淋漓尽致。比如写一个农村妇女每天到山上割草来卖，把三个孩子送上大学，那吃尽苦头的细节，就使许多读者坐不住了，马上慷慨解囊，伸出援助之手。这类故事很多。煽情法用的是人性论的基本原理。人永远无法摆脱人性的束缚。

（四）比赛法

比赛也是策划中的常用方法。因为有两方或者几方进行比赛，就会激发观众想看到谁胜谁负的结果的兴趣，就增强了对受众的吸引力。像IBM策划的人机大战，人和电脑比赛下象棋，全世界都关心谁输谁赢。

（五）悬念法

制造悬念也是各种策划的常用方法。因为人们都有一种悬念心理。比赛法也是利用了人们想知道输赢的悬念心理。

（六）参与法

动员更多的人参与你策划的活动，你策划的活动影响就大，效果就更好。

（七）不断创造新的策划形式和方法

策划传媒，内容是多元化多方面的，方法也是多种多样的，有一定的规律，又无一定之规，可以有无穷无尽的创造。

比如2005年底的电影贺岁片《无极》放映之后，音乐爱好者胡戈就将就电影的素材，剪裁编辑成一部搞笑短片——《一个馒头引发的血案》。《馒头血案》在网上传播后，点击率比《无极》还高，成了2006年开年第一个网络热点。实际上这也是一个策划传媒的案例。他所用的方法就是创造性的：用别人现成的影视片作素材元素，剪刀加糨糊，配音乐，加对话和旁白，就成了一部效果很不错的新影片。他不是拍出来的影视片，而是剪出来的影视片。这个创意实在出乎意料。在中外影视档案库里，有多少电影电视片，简直可以说是浩如烟海，那可以剪出多少内容不同的片子。有这种才能的人可以大显身手。

超级女声代表了当今时代，也就是2005年策划传媒的最新最高水平，有划时代的意义。但是，是不是就无法再高了呢？不是。这也只是大规模策划传媒的开始，而不是结束。各个领域各个行业，都可以结合自己的特点和实际，创造出各种各样的新的策划传媒的方法。人是具有无穷无尽的创造力的。

第三章
四大原理：策划传媒的成功准则

策划传媒的方法多种多样，策划的活动、事件五花八门，但他们都得遵循策划传媒的基本规律、基本原则。

原理一　追求新闻的“含睛量”

新闻策划是策划传媒的关键。超级女声那么多策划，其实最后各种策划都落实到变成新闻在传媒上发出去，才能吸引受众的眼球。所以，策划传媒的核心，是策划出最能吸引人的新闻。策划方案中实施的很多方案、具体办法，最后都要成为有价值的新闻，才能起到作用。

策划传媒，本质上就是策划制造新闻。传媒的新闻都是人制造出来的。策划所追求的是新闻的“含睛量”。注意，这个含睛量不是含金量。要看你的新闻能吸引多少人的眼睛，是眼球经济的意思。新闻有了丰富的含睛量，才会有经济效益的含金量。

奥运会的新闻“含睛量”最高，所以它要卖电视转播权，不是它出钱叫你发新闻，而是要你出钱买它的新闻去转播。一般的传播效果不好的电视台还不卖给你。

策划新闻，最高境界是策划万众瞩目的热点。奥运会就达到了这个境界。

“无中生有”、平地起风雷地策划制造新闻，决不能制造假新闻和低俗新闻。无论采用什么行动对新闻事物施加外力，都要遵守策划新闻的基本原则，那就是真实性原则、规律性原则、公众利益原则、创新原则、周密性原则。

（一）真实性原则

真实，是新闻的生命，自然也是策划新闻必须严守的首要原则。这里的真实性，包含两层含义：一是指策划必须以客观存在的新闻事物为基础，决不能以假象或者被扭曲、肢解了的事物为策划依据。二是采取的相关行动必须真实，而不是演戏。同时，对这些事实的报道必须符合其本来面目，而不能恣意夸大渲染。因此，尊重客观事实，坚持新闻的真实性，是新闻策划的首要原则。有的假借策划之名而制造虚假新闻的行径，当受到公众的谴责和唾弃。

（二）规律性原则

社会上的任何事物，都是按其自己特定的规律在运动和发展的。新闻策划必须遵循事物的客观规律，顺应规律，才能取得很好的结果。违背事物的发展规律策划新闻，结果会事与愿违，甚至头破血流。

（三）公众利益原则

策划新闻必须无损于公众的利益，有利于社会的发展。1985年8月，日本学生遭受暴力欺辱引起社会广泛注意。为了提高收视率，朝日电视台导演中川勉用14万日元收买两名流氓集团“飞车党”成员，制造欺辱场面，供电视台拍摄，节目播出后，舆论哗然。有正义感的观众得知这个事件是人为制造的内幕后，纷纷打电话到电视台以示抗议，警视厅也立即立案调查。最后，导演中川勉和两名“飞车党”成员被以挑唆暴力嫌疑逮捕，电视台总经理为此亲自在屏幕上亮相，向观众赔礼道歉，以平息众怒。可见，新闻策划在确定选题时，必须从社会公众的全局利益出发；否则，便会误入歧途。

（四）创新原则

创新是一切策划的灵魂，新闻更是如此。没有创新，没有卓越的构思，只能是一种依样画葫芦式的模仿。创新与创意思维是紧密相连的。它需要打破传统思维的束缚，想出奇妙的点子。《华西都市报》配合府南河工程搞的“府南河工程百万市民大参与活动”的策划，妙就妙在把一般的知识竞赛变成了一个“百万市民大参与活动”。新闻策划只有以超凡的气势和独特的视角来刷新读者的期待视野，才能出奇制胜。

（五）周密性原则

计划要周密，组织要严密。新闻策划从决定、组织到实施，每个环节在实施之前都应有较全面、较明确的准备。在策划过程中，要对内部和外部诸多条件进行科学的调研、预测、分析、判断。在实施过程中还应有严密的组织来保证，尽可能按计划操作，对意外情况要及时作出对策，防止活动失败。某市的一个单位邀请一位名人去该市，就他所经历的一个热点事件“实话实说”。可这位名人到达后看见一群电视记者守在舷梯边，就不敢下飞机了，说对方违背了协议。这次活动引起不小的媒体纠纷，后来只得草草收场。其中，策划者计划不周，对形势发展估计不足，也难辞其咎。如果开展的活动涉及多方合作，一定要事前把协议考虑周到，免得临阵乱套。

新闻策划的基本原则明确地划出了新闻策划的质的分野。毋庸讳言，在当今新闻策划时髦走俏的时候，确有一些策划出现了越位和出格的现象。如超越主体的角色职能，以策划为名，假造新闻事物，虚拟新闻事件，以此高温炒作，哗众取宠；有的策划不讲党性原则，违反宣传纪律，片面追求轰动效应；有的不按新闻规律办事，任意添枝加叶，刻意渲染，扭曲事实；有的格调低下，令社会公众厌恶和反感，等等。这些打着新闻策划的旗号，却搞着对社会对受众极不负责的所谓策划，是值得我们警惕并坚决予以摒弃的。

原理二　整合社会资源，实现多方共赢

只有策划者和被策划者双赢，传媒才会答应与你合作，你的策划才能得以实施，才有运作的平台。

也只有受众与策划者、被策划者三方都赢，才能产生很好的社会效果。如果只有策划者和传媒的双赢，没有第三方受众的赢，那就可能是前两个配合起来愚弄受众。有些低俗的策划，就可能产生这样的结果。这是应该防止的。策划者和媒体不能为了追求自己的经济利益而不顾受众的利益。

策划传媒一定要考虑传媒受众的利益，有一个典型的例子，就是《无极》。

2005年底，历时三年制作的国产大片《无极》在国内外同期发行上映，策划传媒所造成的宣传力度也是前所未有的。他们在北京政协礼堂举行了隆重的北京首映式。首映式整体创意由陈凯歌亲自操办，主题是“打开无极之门，点燃无极之光”。红地毯的尽头是三米多高十米宽金顶红墙的“无极之门”。政协礼堂上空升起了一个象征圆月的白色气球灯，广场上树立着分别以6位主演为主体的巨幅海报。几十名身着红色头盔铠甲，手持红边黑底粉海棠的盾牌、月牙铲、长刀。“无

极之门”内侧守卫的上百名士兵则穿着黑银相间的铠甲，白色顶花，白色面纱遮面。主创人员陈凯歌、叶锦添、陈红、谢霆锋、张东健、张柏芝、刘烨、真田广之等强大的明星阵容走上了通往“无极之门”的红地毯。主办方还专门组织影迷专程从日本、韩国赶来。中、日、韩百余家媒体见证了这一首映盛典。媒体报道首映式的标题是：“红地毯开启无极之门 星光灿烂艳惊四座”、“首映震撼现场观众 恢宏气势堪比《指环王》”……

《无极》的策划取得了显著的成果。首周票房超过8 200万，打破了《功夫》创下的6 300万纪录。总的票房价值也创造了可观的新纪录。

但是，就在《无极》庆祝他们以神速占领中国市场、准备进军世界市场和奥斯卡的时候，一个叫胡戈的网络音乐人，仅用了两台电脑和5天时间，用《无极》为素材，制作了一个30分钟的网络短片《一个馒头引发的血案》。《馒头血案》的内容，用网友的话说就是，陈凯歌花了3.4亿元人民币、用了两个小时都没有说清的问题，胡戈用30分钟就说明白了。胡戈的初衷只是想娱乐一下，便将《馒头血案》短片给几个朋友看看。他万万没想到该短片传播得如此之快，范围如此之广，被无数的博友转贴到自己的博客上，网络总点击率远远超过《无极》这个“母体”。

《馒头血案》受到全国网民的追捧，网民在评论《馒头血案》的同时，把自己被舆论欺骗引导去看《无极》的怨恨也发泄出来。《无极》遭到了全国网民的批评。陈凯歌在去柏林参加柏林电影节时，向记者发表谈话，怒气冲冲地指责胡戈，并称已经向法院提出起诉胡戈侵权。谁知他的这一番讲话，更引起网上骂声一片，网民们都站出来支持胡戈，形成声势浩大的批判运动。

2006年第3期的《青年作家》，发表了《馒头血案》的剧本，并配发了《胡戈，将“神话”还原为鬼话》的评论。这篇评论说，《无极》通过媒体的狂轰滥炸，吊足了人们的胃口，然后将他们扫入电影院，仿佛一台巨型吸尘器搜刮着他们并不充实的钱包。然而浪费了两个多小时本该充满期待满足的观众时间后，善良的观众们终于产生了强烈的被欺骗感——从《英雄》到《十面埋伏》再到《无极》，对第五代导演的失望从某种程度上讲已升级为绝望。高成本、大制作、企图取悦所有胃口，然而连故事都编不圆的“国产大片”，似乎一再蔑视着观众的智力，一种普遍的愤怒在人们心中逐渐滋生。

《无极》用策划传媒的办法创造了巨大的票房价值，应该说，营销电影的策划传媒是成功的。《馒头血案》也用策划传媒的方法，创造了超过《无极》的点击率。胡戈没有想用策划传媒的方法，结果却不自觉地成就了一个出色的策划传媒。完全是无心插柳柳成荫。两场策划传媒的运动，在2006年一开年，进行了一场引人注目的较量。这正是，策划传媒向策划传媒挑战。出色的策划传媒被更出色的策划传媒所摧毁。结果是，小人物的策划打败了大人物的策划，有实力的策划打败了无实力的虚张声势的策划。对比分析两个策划，陈凯歌营销票房的策划缺乏影片质量的基础，动员全国传媒大规模宣传《无极》是进军奥斯卡的国产大片，观众看了之后感到受骗上当；胡戈的策划有实力，实力就是维护了受众的利益，有理有据，打中要害，说出了大家的心声，广大观众为之叫好。两个策划的根本区别，在于维护还是没有维护受众的利益。陈凯歌策划全国传媒宣传《无极》是进军奥斯卡的国产大片，愚弄了受众，也就失去了受众；胡戈《馒头血案》的策划，赢得了陈凯歌策划失去的受众。

所以，检验策划传媒是否成功，受众的输赢是最重要的标准。超级女声，受众是坐在电视机前高高兴兴地看超级女生们PK，受众是大赢家。策划传媒不能不顾受众的利益而只为一己私利而策划。胡戈《馒头血案》的策划还没有动员全国的传媒，因为掌握了真理，所以它的力量比动员了全国传媒的效果还要大得多。根本在于你的策划有没有为受众着想，受众是赢了还是输了。如果受众输了，或者被欺骗了，整个策划全盘皆输，就像《无极》一样。《无极》虽然赢得了巨大的票房价值，但它和策划者在观众心中的价值却输得精光。大片变成了大骗。

陈凯歌面对网上的负面反应一直很纳闷：为什么对《无极》的负面评论这么多，而《无极》的票房还是很好？一个网友在《不得不说的评论》里这样回答这个问题：这种感觉，就像一个平时瘦了吧唧的人，一下子得了肾小球肾炎，浑身变得浮肿不堪，可病人自己倒没觉得，不仅不竭尽全力去治疗，还以为“增肥”成功了而沾沾自喜呢！

这位网友继续说，有意思的是，像患上这类“肾病综合征” 的绝不仅仅是《无极》一部影片，早前的《英雄》、《十面埋伏》也或多或少表现出了肾病的征兆——在虚浮的票房外表下，分明掩藏的是贫弱无力的内容。……从前两年的《英雄》、《十面埋伏》到最近的《无极》，尽管导演不同，明星各异，但是彼此之间却有着以下几点惊人的相似：故事漏洞百出、表演矫揉造作、台词千夫所指、主题空洞无物——但是炒作方面却无所不用其极，其结果是票房收入虽然堪称登峰造极，观众走出影院却倍感无聊之极！中国内地的商业大片……高票房的巨大利润完全建立在成千上万观众被愚弄的不满和质疑声中！

……庆幸的是中国的电影观众不是《天下无贼》里的那个“傻根”，上一次当可以，上两次当也无妨，总会有清醒的一天，看，到时候你再喊“狼来了”灵不灵验？

《英雄》、《十面埋伏》和《无极》，只是从摄影、画面等技术层面上像个大片，内容上苍白无力，言之无物，不要说离国产大片差得很远，连一般好片的标准也没达到。电影人的追求，不仅要追求高额的票房价值，更要追求在观众心中的票房价值。所以，凡是商品营销要策划传媒，首先要把商品质量的策划做好。电影导演首先要把导演电影的本职工作做好，再去做好卖电影票的营销经理人的工作，不要本末倒置。没有过硬的产品，用策划传媒来做营销，可能最后会搬起石头砸自己的脚。

也许有人会说，胡戈没有策划传媒，他自己都说自己是无意识的，怎么叫策划？从胡戈个人来讲，策划传媒的主观意识确实是不强的，但策划传媒的效果是十分明显的。同时，这个案例的特殊性还在于，《馒头血案》的策划主体不只是胡戈一个人，而是一个群体。首先是胡戈的几个朋友，他们把《馒头血案》贴到自己的博客上，这就是一种策划传媒的行动，策划的主观意识很强，这就很快被转贴和点击。应该说，胡戈的朋友补充和完善了他的策划。当陈凯歌说要起诉胡戈时，千千万万的受众马上口诛笔伐，用网络传媒来表达他们被传媒动员去看《无极》后的不满情绪。他们被传媒宣传所欺骗，也就在传媒上进行维护自己权益的自卫反击战。几百万的点击率，对《无极》来说就不只是“千夫所指”，而是“万夫所指”、“几百万夫所指”了，是被骗上当的观众群体，通过传媒来表达自己情绪的一次群体行动。所以，《无极》的观众群体，也参与和推动了这个策划。因此，《馒头血案》现象就不仅是一次策划传媒，而且是一次很典型很成功的以群体为策划主体的策划传媒。陈凯歌所面对的，无论法庭官司还是舆论官司，都不是胡戈一个人，而是一个庞大的从传媒上接受《无极》宣传的受众群体。

这就叫舆论。《无极》在传媒上宣传制造了一种舆论，《馒头血案》也在传媒上制造了一种舆论，两种舆论形成舆论对抗。但是，舆论必须顺从天意和民意，不能强制推行策划者的一己之见。从规律来讲，由哪个人“烹”出《馒头血案》是偶然的，没有“胡戈”，可能有“魏戈”；但是对于《英雄》、《十面埋伏》和《无极》这类擅长策划传媒而内容质量又比较差的“国产大片”来说，出现《馒头血案》是必然的。严格地说，《馒头血案》的制作和质量也不是十全十美的，也有一些问题，但是，它的内容反映了受众的呼声，和广大受众跳动的脉搏完全一致，形成强烈的共鸣和共振。它代表的就是民意。有人说它是“恶搞”，是“搞笑”，其实它的主题是非常严肃的，是代表民众发出的时代心声，是当代民众对高质量电影的追求与渴望。

传媒从《无极》这件事中也应该吸取教训。传媒如何应对带有一些虚假信息的策划？传媒对自己参与和配合的策划，一定要不断地随时检验和修正自己跟进的策划报道，发现有虚假信息，就要采取措施修正和弥补。比如，《英雄》在人民大会堂开新闻发布会，强大的明星阵容，新奇的现场表演，都构成很高的新闻价值，新闻是应该发的，不发是漏新闻。但是，传媒人在看了《英雄》之后，第一，自己要评估一下这部电影的价值，如果认为不具备大规模宣传报道的价值，自己就要把握好度；第二，观众看了之后，可以组织观众讨论，把大多数观众认为不好看的意见及时发表出来。这就把前面过分的报道纠正过来了。媒体的宗旨是要客观，不能用虚假信息误导受众。传媒一定要对受众负责，也是对自己负责。发现问题，及时纠正，不能跟着带有虚假信息的策划走到底。

原理三　按规律办事，推动社会发展

策划传媒如何策划，策划的方法可能千变万化，而最根本的，是要把握事物的运动规律，按照事物的发展规律进行策划。认识事物的本质规律，才能明确策划的方向，策划就能抓住要害，从而有力地推动事物发展。不能推动社会事物向前发展的策划，不能推动社会发展的策划，从根本上说是失败的策划。

以打造川菜王国的策划为例。中国入世以后，四川怎么走向世界大市场，我研究了很久，觉得只有川菜是可以打遍全世界的金字招牌，所以，2002年2月，我就给川菜产业作了一个产业策划，写了一个长篇策划方案，叫《倾力打造“川菜王国”》。改革开放以来，全国餐饮业群雄逐鹿，川菜摘取了中国八大菜系市场占有率的桂冠。川菜已经具备了占领全国全世界餐饮大市场的竞争力，只要好好统筹规划，川菜完全可以像时装一样热袭全民，主宰餐饮的“流行时尚”，占领更多更大的市场空间，登上世界餐饮的风云榜。策划方案提出，优选几十个品牌川菜组成联合舰队，逐个城市逐个国家捆绑式占领，所有连锁店都保证用高水平的厨师，用地道的原料，用标准化的工艺，做出优质地道的川菜，占领全国、全世界的餐饮大市场，形成称霸全国、称霸全球的“川菜王国”。为了保证人才队伍和原材料的供应，策划方案提出，创办川菜科学研究院和川菜大学，以现代科学技术为武器进行一场川菜大革命，实现川菜的产业一体化和川菜教育的产业化；重新安排四川山河，建立世界上最大的川菜生态原料基地。这篇文章提出了一个响亮的口号——“四川人给全世界的人煮饭！”

文章发表以后，当天就沸腾了，把策划方案当成文件学习，几乎成了川菜企业和所有餐饮业不约而同的自发行动。社会各界一致评价这是“爆炸了一颗原子弹！”“震动了餐饮界，震动了教育界，震动了政界！”报纸一时洛阳纸贵，复印排队，手抄本几十种。四川科技出版社出版成书。川菜企业解放了思想，明确了方向，掀起了轰轰烈烈的连锁全国连锁全球的浪潮。那时，川菜企业几乎天天跑来找我，一批又一批地拥来，坐下来就不停地讨论。国内外不少企业主动上门要求和品牌川菜搞连锁，品牌川菜也应接不暇，纷纷重新制订了发展计划。短短几个月，省内、国内以及海内外，建起了一大批川菜连锁店。“川菜王国”的策划方案，就像向川菜产业下达了向全国和全世界餐饮市场大进军的进军令一样，他们马不停蹄地向全国和全世界餐饮市场疯狂进军了。川菜产业很快驶进了高速发展的快车道。川菜在几年之间抢占了全国相当大的餐饮市场，占据了餐饮市场的半壁河山。

专家评价，《倾力打造“川菜王国”》的策划，是川菜发展史上的一个里程碑。《倾力打造“川菜王国”》为什么能推动川菜产业的高速飞跃式发展？原因是这个策划抓住事物的本质规律，看清了餐饮市场的发展趋势，研究了国际餐饮市场的成功经验和发展潮流，切中了社会跳动的脉搏和神经中枢，对症下药，准确无误。所以一旦提出，群情鼎沸，轰动共鸣。

有一个律师，办了一个律师事务所。《倾力打造“川菜王国”》发表半年以后，他从一个朋友那里看到打造川菜王国的文章，十分激动，他就不做律师了，去做川菜了，他又不懂川菜，最后就办了一个川菜网站。因为办了网站，就对川菜很熟悉了，他给人家说，川菜老板读了这篇东西就像吃了摇头丸一样，两年过去了，摇头不仅没有停下来，还不断有人加进去摇头。三四年后，这个律师自己能把《倾力打造“川菜王国”》全文三四万字倒背如流。

《倾力打造“川菜王国”》的策划也是一个策划传媒，当时几乎所有的媒体都卷进去了。打造“川菜王国”的口号被电视台、电台、报纸接过去，喊得震天响，也不管是竞争对手提的口号，生怕落在了后面。外地的报纸，重庆的报纸，全国的餐饮报刊，都一拥而上。香港、台湾的报刊也报道转载，参与报道和推动活动。重庆的报纸不仅做报道，在报纸上展开讨论，而且组织企业开会讨论。本来，重庆直辖以后，餐饮界就提出了打造渝菜的口号，这次一下醒悟了，重庆人打造了几千年的川菜，已经成了可以打遍全世界的金字招牌，丢弃不用，实在太蠢，马上涌进打造“川菜王国”的滚滚洪流之中，再也不打造什么渝菜了，一下子把不同意见整合在一起了。“川菜王国”提出要办川菜大学，几天以后，省政府就批给烹饪专科学校1亿元，支持培养川菜人才。

最有科学性，就最具煽动力。因为知识就是力量，科学就是力量。把事物的本质的科学的规律揭示给人看，最具有说服人的煽动力量，动员起来就会振臂一呼，山呼海应。

打造“川菜王国”的宣传策划，使大批川菜企业跑步前进，大规模向全国、全世界餐饮市场大进军，使川菜在全国餐饮市场独占鳌头。

策划如果做得好，就能推动社会发展。能推动社会事物发展的策划，就叫主流策划。如果你的策划，推动了社会政治经济文化各方面的发展，在社会的发展流动的趋势上，起到了推波助澜的作用，就起到主流的作用了。社会的发展总是呈现一种流动变化的状态。所谓主流，就是主持、主导、主宰、主推这个流动，主持了这个流动，主导了这个流动，主宰了这个流动。所以，策划传媒，我们提倡搞主流策划。

原理四　进行创造性的策划

模仿是最重要的策划方法。但是，同样的方法多用几次，就不行了。老一套的做法，受众见惯不惊了，吸引力就差，传媒和受众的兴趣就不大。策划要与时俱进，花样翻新。要不断创造出体现新时代、新技术、新观念、新时尚的新策划。今天是好的受欢迎的东西，明天就可能落后和过时，决不能固守老套路、老方法。

四个基本原理的关系：原理一是从微观的角度看策划，落到报纸版面上的是一条条的新闻，新闻好不好是对策划的第一个直接的认识和判断。原理二是从整体，从宏观，从社会整合的角度看策划，策划单位要受益，被策划的传媒要受益，受众也要满意。只有三赢，才会有很好的社会效果。原理三是讲所有策划的基本思路，那就是从事物发展规律中寻找方向，把握事物跳动的脉搏，最后起到推动事物发展的作用。原理四是策划的方法，只有用创新的办法做创意，才能产生出奇制胜的策划方案。创新是策划传媒的生产力。

原理一是策划的起点，也就是着眼点，新闻要有价值；原理二是策划的目标，也就是效益，三方实现三赢；原理三是策划的思路，围着事物发展规律去寻找方向；原理四是策划的方法，创新才能制胜。

检验策划传媒的效果和水平，是你的策划所产生的影响是不是成了大家关心的热点，能吸引大众的眼球，就能吸引记者，吸引传媒。超级女声就达到了这样的效果。

策划传媒的水平和效果的判断评估

企业花钱做广告，是和传媒做交易。有没有策划传媒，就看你策划的新闻，有没有不花钱许多传媒都要登的。这种不花钱的新闻制造得越多，你策划传媒的水平就越高。企业总会花钱登一些新闻报道的，企业的报道不花钱登的比例越大，刊发的传媒越多，也就是花钱登的新闻越少，策划传媒的水平就越高。

判断评估策划传媒的基本方法——按传媒自身规定的广告价格计算，比你付出的广告费多出来的版面、时段、页面，就是你策划传媒的效果。多出来的部分，就是你策划表现出来的智慧。这个效果从以下几个方面评估：

（一）传媒不收钱给你播发的新闻越多，策划的效果越好

如果没有产生一条不收钱给你播发的新闻，也就是你付出的广告宣传费与从传媒得到的版面、时段、页面等价，那你的策划效果就等于0。

（二）不收钱给你播发新闻的传媒数量越多，策划的效果越好

成都报纸不收钱给超级女声刊登的稿件，最高时每天是五六个版。成都的宣传部门还特别发出通知，限制宣传报道超级女声的版面数量，可见到了什么程度。

（三）不收钱给你播发新闻的传媒品种越多，策划的效果越好

不收钱给超级女声播发稿件的媒体，有报刊、电视、广播、网络、手机，所有媒体品种都卷进去了。

（四）传媒不收钱给你播发新闻的地区越多，范围越广，策划的效果越好

不收钱给超级女声播发稿件，不仅是中国的媒体，而且是全世界的媒体，包括世界权威主流媒体。

（五）传媒不收钱给你播发新闻的时间越长，策划的效果越好

超级女声持续几个月，媒体就报道几个月；超级女声比赛已经结束几个月了，媒体还在做后续报道和深入探讨的文章。

蒙牛集团为超级女声也花了一些钱登广告做新闻，但同它产生的效益比较，比例就很小；特别是全国各地各种各样的媒体几乎是总动员来宣传，90%以上的媒体是没有付费的。

第四章

政府是如何策划传媒的

策划传媒，有政治策划、经济策划、文化策划、体育策划、教育策划、军事策划……大至国家战略策划，军事上的战略战役策划，小至个人谋生求职婚姻爱情的策划。策划传媒已经涉及很多领域，几乎无所不包。都是策划者——机构、企业、单位、个人等，按照自己工作和生活的需要来策划。社会的需要是多方面的，策划内容也就是多方面的。所以，策划传媒的概念，决不只是一个企业营销策划，策划的内容涉及社会生活的方方面面。

政府机构策划传媒的规律之一，是策划工作和策划传媒一起进行。一个单位（机构、企业等）策划传媒，目的是把他们的工作做好，所以，在策划工作的同时策划传媒，把两个策划结合在一起，就是普遍现象。特别是政府部门的工作和新闻策划，往往是通盘考虑，既策划了工作，又策划了新闻和传媒。从而就产生了新闻发布会、新闻发言人。

政府机构策划传媒的规律之二，是建立正规的新闻发言人、新闻发布会制度。新闻发言人、新闻发布会制度，就是政府机构策划传媒的产物。

政府机构策划传媒的内容是很多的，是随着形势的发展变化而变化的。

一、中心工作策划

党委、政府、各种政府机构、办事机构等，在一个时期都要开展中心工作。为了把中心工作做好，他们经常运用传媒来做宣传，动员社会力量参与，取得很好的效果。传媒是他们做好中心工作的一个重要工具。但是，如果不认真策划，传媒的宣传流于形式，效果也是不好的。

1995年，成都市政府把改造旧城、建设新城的府南河工程，确定为本届政府的一号工程。第四季度，一号工程进入攻坚阶段，要在3个月内将府南河沿岸10万居民全部搬迁到二环路以外。对政府来说，这是一个相当艰巨的任务，要做10万人的思想工作，出现一个“钉子户”都麻烦。为了做好这项中心工作，市政府对传媒的宣传提前进行了策划。7月底，专门召开了新闻单位通气会，要求大家做好宣传策划。我想起当时纪念抗日战争50周年举办的黄河大合唱文艺晚会，就提出了搞“府南河大合唱”和搞“府南河工程百万市民大参与活动”的设想。没想到他们把我这个想法给市长王荣轩汇报后，与王市长的策划点子碰出了火花。王市长把我叫去，一方面肯定搞百万市民大参与活动好，一方面又出主意，说应该搞一个关于府南河的知识竞赛，对大家进行热爱家乡、热爱城市的教育。王市长的这个策划使“府南河工程百万市民大参与”活动有了主体活动。以后，市政府府南河工程指挥部还给《华西都市报》拨了一笔宣传款项。我们马上在《华西都市报》上推出了 “府南河工程百万市民大参与”活动，有知识竞赛，告别旧府南河摄影，支援签名活动，书画捐赠活动，搬迁户“为明天的成都让路”讨论会，等等，吸引了上百万市民的积极参与，声势浩大，每周抽奖一台大彩电，结束时还搞了一台“府南河大合唱”电视晚会。这场声势浩大的宣传活动有力地推动了搬迁工作的顺利进行，一个钉子户也没出现，如期完成了搬迁任务。市长王荣轩高度肯定，在市委常委会上，一段一段地宣读《华西都市报》的报道《气势磅礴的府南河大合唱》和评论《好一个府南河大合唱》。因为府南河工程的成功，成都市被授予联合国人居奖。上报给联合国人居奖的材料，就是《华西都市报》百万市民大参与的系列报道。后来我去联合国环境保护署访问，环境保护署的一位女官员说，府南河工程在全世界大城市的河流改造工程中，投资额和工程量都不算大的，为什么还评奖，主要是有百万市民的大参与，这在城市建设中就具有太典型的意义了。

《华西都市报》在府南河工程的宣传策划中是立了功的，它使成都市获得了有史以来第一个国际大奖——联合国人居奖。但仔细一想，这都是市政府精心策划的结果。应该说，市政府的3条策划传媒的措施是强有力的：一是提前动员传媒做好宣传策划工作；二是市长亲自和传媒工作者一起策划，并拿出了很好的策划点子；三是提供了发放奖品的资金。所以，从表面上看，“府南河工程百万市民大参与”活动是报纸出面搞的，实际上市委市政府在幕后策划和支持。像百万市民大签名活动，市里四大班子的领导，市长王荣轩，省长宋宝瑞，都到了签名现场，和群众一起参加了签名活动，把他们的名字和普通市民的名字签在一起，用他们的实际行动号召市民支持府南河工程。传媒和政府互相配合，相得益彰。

二、发展战略策划

海南岛的三亚市，根据自己独特的气候，独特的自然风光，独有的阳光、沙滩、蓝天、绿树、海风，确定了自己的发展战略，就是打造世界旅游名城，向国际化旅游名城的目标迈进；在“国际性热带海滨风景旅游城市”的基础上，将三亚建成“健康之都”和“休闲之都”。同时围绕旅游产业，逐步将三亚建成会展中心、购物中心和时尚中心。但是，只要是有一点现代意识，都会选择和确定这个发展战略。如何实施呢？如何一步一步把这个发展战略兑现呢？却需要具体的打造国际旅游名城的打造办法。三亚市委市府经过多次研究，终于推出了一个又一个大手笔的策划，使三亚在短短几年内声名鹊起。先是成功举办了“96中国度假休闲旅游年”，作为三亚旅游产业大发展开端标志；接着是首届世界太极拳健康大会、世界家庭峰会、第二届全球化论坛等一系列会议在三亚召开。为了让美丽的三亚引领全球时尚和世界潮流，经精心策划，他们连续两年举办了第53届、54届世界小姐总决赛；2005年11月，又举办了第14届中国金鸡百花电影节暨中国电影百年纪念盛典。

特别是两次世界小姐大赛的策划，把全国的传媒记者都吸引到三亚去了，也把全世界传媒的目光都聚焦到三亚。三亚从此变成了一个世界美女基地。世界小姐总决赛的序幕，是各国佳丽分别到全国的许多大城市参加“美丽的眼睛看中国——世界小姐中国行”巡游活动，为美丽赛事和慈善事业做宣传。所到城市，都掀起一股美丽的旋风和三亚的旋风，古老的中华文明和现代中国的发展变化在佳丽眼里得到了生动的展现，海南和三亚也得到了很好的宣传和推介。世界小姐总决赛隆重举行时，全世界170个国家和地区转播了大赛实况，26亿电视观众收看了大赛盛况。第53届世界小姐总决赛共有106个国家和地区的选手参加，创下了世界小姐历史上参赛人数最多的纪录。在3个月时间里，国外媒体共计发表了5万多篇关于三亚世姐赛的报道。世界小姐大赛的成功举办促进了文化领域的对外开放和中外文化交流，在全世界生动展现了海南三亚美丽、健康、时尚、开放、包容的形象，极大地提高了三亚在国内外的影响力和知名度。

这些策划和运作，通过传媒的传播，取得了很好的宣传效果。“三亚”这个词已经深深地打上了国际化的烙印。2004年，三亚的游客达到364万人次，2005年游客人次突破450万人。三亚机场已开通10个国家和地区共18条国际航线，入境游客占三亚游客总量大约5%，消费却超过旅游消费总量的11%。三亚旅游国际化对经济的拉动作用已经凸显出来。

三、会议策划

政府机构要开的会很多。一部分会议要保密，另一部分会议则要内外配合，造声势，产生影响。后面这种会议，就需要策划传媒。比如，全国和每个地方每年召开的人代会、政协会，策划准备会议的同时，就要策划准备传媒如何做好“两会”的报道。

现在流行举办论坛，其实也是一种会议策划。博鳌亚洲论坛就是一次很成功的会议策划传媒，2002年，仅仅举办了首届年会，因为有了传媒的宣传造势，产生了很大的影响。

四、市场经济活动的策划

各地为了推动市场经济，创办了很多节日，比如大连服装节，就已经成为城市的一张名片。很多城市的什么节，只举办了一两次就收场了。可大连服装节一直办得红火。现在，每年举办大连服装节的时候，全国传媒云集，这就是他们长期坚持策划传媒的效果。

五、纪念活动策划

纪念活动的策划主要是为了扩大影响，这就更需要策划传媒。很多纪念活动就是通过传媒来向社会传达纪念意义的。比如纪念抗日战争胜利50周年，大会要电视转播，文艺晚会就是在电视上举办文艺晚会。策划纪念活动的工作就和策划传媒一起进行。

六、成就宣传策划

一个地方，一个部门，一条战线，经过一段时间的努力，取得了一定的成绩，为了鼓舞士气，增强信心，就要做一些成就宣传，通过传媒发表出去。所以，成就宣传策划也是政府机构策划传媒的常见内容。

七、重大事件策划

“神六”飞天结束之后，中央有关部门组织航天英雄代表团到香港、澳门访问，扩大中国航天成果在全世界华人中的影响，这个影响其实主要靠传媒来传出去的。

香港回归时，许多重大活动都要现场直播，所以策划回归的具体活动，就要同时策划如何做电视直播。

2006年3月，俄罗斯在中国举办俄罗斯年的大型活动，除了各种各样的展览之外，为了吸引全中国媒体的关注，特别举办了俄罗斯飞行表演，地点选在国家级风景区张家界。公开征集3名幸运观众，直接登上表演的飞机参加飞行表演，受众参与性很强。中央电视台全程现场直播。这一切都是用传媒造势，扩大俄罗斯年在中国的影响。其实俄罗斯年的很多活动，只有在举办地点北京的人知道和感受得到，但俄罗斯飞行表演却让全国人民都看见和知道了。这个策划非常独到，借用的是传媒的大范围传播的优势。

八、城市形象策划

许多城市选了城市代言人，就是城市形象的策划。比如广州举办美在花城选美比赛。

九、传媒建设策划

传媒建设策划，就是根据本地的实际情况和发展需要，来搭建媒体平台，包括建设需要而又没有的媒体，如办报、办电视台、办网站，等等，如果现有媒体不适应发展需要，还要对不适应需要的媒体进行改造。比如海南省确定了旅游立省战略，就把海南卫视改办成旅游卫视，这样，海南卫视就与各个省电视台的定位完全不同了。这就是策划传媒来为自己的发展战略服务。

现在很多地方都建网站，也就是在新形势下建设新型传媒。

除了新建应该有的市场需要的媒体外，一个地方，还应该把自己管辖范围内的已经有的媒体改造和建设好，提高它的使用价值，增强它的传播效果，发挥它的整合社会资源的功能。一个传媒，受众越多，传播效果越好，要尽可能地把受众量做大。因此，传媒要办成既是党和政府的得心应手的工具，又能为广大群众都喜欢，也就是党和人民都喜欢。像许多中等城市都有一张报纸——地市党报，如何办好？办法之一是提高市场化的程度。因为广告市场份额小，再办一张市场化报纸，两张报纸就形成竞争，不仅不好协调关系，在人力物力上也浪费，重复建设，利润率低。新疆的《巴音郭楞日报》、《阿克苏报》，就创造了一种新路子，他们与省会城市的都市报《都市消费晨报》联合办报，把人家很多新闻信息拿过来嫁接在自己的报纸上，增强了可读性，进入零售市场大受欢迎。《巴音郭楞日报》由1万份增加到5万多份，《阿克苏报》由6 000份增加到3万多份。地市领导一定要重视传媒的改造和建设，提高它们的市场化程度，增强它们的宣传效果。这样，用起传媒来就会发挥更好的作用，推动工作的效果就会更好。

媒体的市场化程度越高，对市场经济的推动作用越大。在以经济建设为中心的今天，建设市场化程度高的媒体，是各地媒体建设的一个重要任务。

十、对大范围覆盖的传媒的策划

政府机构对自己管辖和掌握的媒体，策划起来当然就很方便，指挥它们就行了。对于自己没有掌握的媒体，特别是外地的媒体，策划起来就不一样了。但是，在更大范围甚至是全国范围内传播的媒体，影响更大，传播效果更好，地方的政府机构更要会策划利用它们为自己的工作服务。

河南就对全国传媒做了一次统筹策划。中共河南省委宣传部、河南省人民政府新闻办公室，自2002年开始，连续5年5次举办了“网上看河南”采风活动，先后邀请人民网、新华网、中国网、千龙网、东方网、北方网、新浪网、搜狐网、网易、浙江在线、红网等40多家全国知名新闻网站，对郑州、开封、洛阳、安阳、漯河、济源以及南阳、许昌、新乡、焦作等10个省辖市进行了实地考察和采风，登载了大量网上报道，多角度、全方位地展示了河南的人文风貌、社会发展、建设成就和改革开放带来的巨大变化，真实、客观、全面地把一个发展中的经济大省展现在世人面前，达到了对外介绍河南，让国内外更多地了解河南的目的。

"网上看河南"采风活动产生影响之后，全国各省都觉得这个策划很好，马上群起仿效。一时间，在全国各地出现了网上宣传热，"网上河北行"、"连线浙江"、"网上看宁夏"、"网上福建行"、"魅力济南"等同类宣传活动此起彼伏。说明大家对网络传媒的策划效果看好。

2004年5月30日，中共湖南省委宣传部、湖南省人民政府新闻办公室主办了"中国网络媒体湖南行"。人民网、新华网、中国网等9家中央重点网站，新浪网、搜狐网、网易等7家大型门户网站，以及红网和千龙网、北方网、南方网等15家省市地方重点新闻网站等30多家网络媒体70余人组成了"中国网络媒体湖南行"大型采访团。此外，《湖南日报》、湖南电视台、湖南电台等省内10多家传统媒体和省内网络媒体也对活动进行了全程跟踪。

2003年7月，江苏省邀请10家知名网络媒体举行了"点击扬子江"的联合采访活动，赴南京、无锡、扬州等8个沿江城市采访。2003年9月，河北省举行"网上河北行"。2004年3月，江苏省邀请了17家中文网络媒体举行了"图说江苏"大型摄影采访活动，对江苏省小康社会建设情况进行专题图片报道。

十一、危机公关策划

地方发生重大突发事件，全国媒体跟踪报道，或者全国媒体对地方做了重大批评报道，这时，地方政府还要对全国媒体进行危机公关。如何应对突发事件，政府就要做好突发事件的新闻报道的策划。

十二、其他社会机构的策划

2005年底，中国扶贫基金会搞了一个"扶贫万里行"的大型活动，目的是缩小贫富差距，建设和谐社会。他们从全国的贫困地区挑选1000个贫困村、1万个贫困户，建立千村万户贫困档案库，请全国的富人、企业家、爱心人士去一对一扶贫。先搞一次慈善之夜文艺晚会，中央电视台录播。用煽情的手法叫大家感动，激动，最后拿出献爱心的行动。其实这也就是一个策划传媒。他们叫我去给他们策划，我想要使各家媒体都报道，必须有新闻，就提了两条建议：一是天津有个白方礼老人，拉三轮车挣了30多万块钱，全部捐赠给300个贫困大学生，75岁时死了。慈善之夜文艺晚会无法把他请到现场，干脆把他拉的那辆三轮车，拿到晚会上来拍卖。这个三轮车很有教育意义，它已经具有很好的宣传价值，用它来作形象教材教育那些贪污腐败、挥金如土的人，教育学生、职工，就很好。结果，这架破三轮车在晚会现场的效果很好，拍卖出30万元。二是以晚会的名义发出倡议，倡议政府官员、领导干部、企业家、先富起来的人，每年抽出一周或10天的时间，到贫困户家里去同吃同住同生活，不带秘书，不带汽车，去体验贫困生活，这对共产党员的“保持先进性”教育，对官员和企业家们的事业，对他们的亲属和子女教育，都有很大的好处。每年在哪个贫困家庭进行贫困教育，多长时间，效果体会，都记入档案，进行检查。这样，千村万户的贫困家庭，就成了一个进行贫困教育的大课堂。在中国走向富裕社会的过程中，进行这样一个贫困教育，对于消除贫富差距，建设和谐社会，是大有好处的。这个策划的新闻价值极高，肯定会引起媒体的兴趣。这就是策划工作和策划传媒结合起来的一个例证。

附录：政治家是如何策划传媒的[①]

策划传媒从政治开始。其实，最早的传媒——报纸，就是政治家们策划出来的。中国最早的报纸，也就是世界上最早的报纸——唐代的邸报，就是为宫廷传递各地政务信息，为宫廷政治服务而诞生的。所以，传媒的诞生，就是一个政治家策划传媒的事例。

传媒从一出生就打上了很强的政治烙印。政治家最先知道策划传媒的重要性，所以无时无刻不在策划传媒。古往今来，演绎出了多少惊心动魄的策划传媒的故事。反动派策划传媒阻碍历史前进，革命家策划传媒推动社会发展。政府、政治机构、政治家们，总是千方百计利用传媒这个能影响社会的工具，来为自己的某些目的服务。传媒就和政治结下了不解之缘。所以，世界上的很多政党都牢牢控制和操纵着传媒，用传媒来为自己服务。因为掌权的政党牢牢地控制着传媒，所以才有反对者提出新闻自由的呼声。其实，这就又变成了另一种策划传媒。两种人、两种意见，都是围绕着传媒进行策划。围绕传媒的两种主张，就是双方策划传媒的争夺战。

传媒是政治斗争的晴雨表，策划传媒的政治斗争永远不会停止。

① 本附录参见曾文经著：《传媒的魅力》，时事出版社，2001年5月第1版。

政变者把传媒作为第一轮攻占的目标

每当政局动荡、剧变的时候，大众传媒就成为各种政治势力的首要攫取目标。谁掌握了大众传媒，谁就掌握了信息传递的主动权，就可以把有利于自己的信息畅通无阻地传播给社会，并封杀敌方的声音，用传媒发号施令，把人心、局势引导到有利于自己的方向和目标。

巴基斯坦控制传媒粉碎政变

1999年10月12日下午5时，巴基斯坦国家电视台突然播发特别节目，总理谢里夫宣读了一项命令：巴军参谋长联席会议主席兼陆军参谋长佩尔维兹·穆沙拉夫上将提前退休，其职务由原三军情报局局长齐亚·乌丁接替。当时穆沙拉夫正在从斯里兰卡访问后归国的途中。忠于穆沙拉夫的军队由于迅速而成功地控制了重要传媒，事发之初就把行动的因由和目的向政界、军界和民众讲清楚了，所以政变没有引起内战和恐慌。政变核心人物穆沙拉夫13日凌晨一身戎装以刚毅形象出现在电视荧屏，发表语调温和的电视讲话，起了威慑政敌和稳定局势的作用。一场政变在很短时间内就平息了。

美国总统以电视辩论击败对手入主白宫

美国总统竞选，如何做电视演说，也是策划媒体。上台之后，总统要去拜访那几个很有影响的著名的专栏作家，这就开始了任上的策划媒体的工作。

1960年美国大选，约翰·肯尼迪与理查德·尼克松争夺总统宝座，两人所得选票本来旗鼓相当，但在这年9月26日的一场电视辩论就决定了两者的胜负。辩论前，尼克松跑遍全国50个州进行竞选活动，又因足疾住院一周。辩论时，在电视屏幕上，尼克松显得脸色苍白，额头细汗明显可见，胡子没刮干净，神情疲惫黯然。肯尼迪则显得年轻英俊，仪态潇洒，他那富有活力的电视形象，与尼克松形成了鲜明对比，赢得了选民好感。肯尼迪在这场电视辩论中以多数选票击败尼克松而入主白宫。

在1968年的大选中，尼克松接受了这一教训，大大改善了自己的电视形象，终于荣登总统宝座。上任后他又在白宫设立厂“传播处”，专门为总统在传媒塑造有利形象，向民众宣传其施政方针。

1980年总统大选。里根的竞争对手是卡特。里根的竞选班子扬长避短，捕捉一切接近传媒——尤其是广播、电视传媒——的机会，让里根通过传媒对选民讲话，宣传他的施政纲领。同时，还把里根的生平介绍制作成适合于在广播、电视上播放的5分钟纪录片和60秒纪录片片断，作为政治广告反复播放。大选期间，里根竞选班子在广播电视网购买了73次5分钟时间，有60次都是播放这部纪录片；购买了41次60秒时间，有35次用于播放这个纪录片片断。里根的政治广告中还有攻击竞争对手卡特的内容。通过电视辩论，里根在全国电视观众面前表现出总统所应具有的风范。全国大选还未结束，卡特就正式承认失败，并祝贺里根获得了“出色的胜利”。里根是公认的最有传媒意识、最善于与传媒打交道的美国总统。

美国设置秘密电台制造舆论颠覆阿本斯政府

1954年，美国总统艾森豪威尔想除掉给他造成麻烦的危地马拉总统阿本斯，中央情报局奉命执行此项任务。中央情报局经过研究，决定采用舆论宣传为主，以小股武装突袭为辅的手段来推翻阿本斯政权。中央情报局先找到越狱逃到洪都拉斯的危地马拉反叛军官卡斯蒂略上校，花了2 000多万美元拉起了一支由150人组成的反危地马拉政府队伍，而后在危地马拉邻国的一个谷仓里设置秘密电台 “解放之声”，五一节开播。

为了吸引听众，五一节前，中央情报局在危地马拉报纸上做了大量广告，说五一节用某个频道可以收听到危地马拉人最爱听的拉美歌星演唱的歌曲。五一节那天，危地马拉所有的人，包括国家广播电台都在休假，许多人都按报纸广告的指点收听那个频道的歌曲。这个频道实际上就是中情局设置的秘密电台“解放之声”。“解放之声”在播放歌星歌曲的同时也插播消息说，卡斯蒂略上校将于6月1日率军越过国境打回危地马拉，而总统阿本斯将会向外国人出卖危地马拉人的利益以保住自己的位置。不久，又有一名危地马拉的空军飞行员叛逃出境，中情局立即安排他在“解放之声”向危地马拉听众发表广播讲话。这样一来，在几周时间里，危地马拉人就对总统阿本斯失去了信任。

与此同时，中情局又在美国、危地马拉及其周边国家的报纸、广播中造谣说，卡斯蒂略上校的反政府队伍迅速扩大，在危地马拉的一些地方打了好几个仗。实际上卡斯蒂略的叛乱分子根本没有离开中情局为他们提供的基地，只是穿插在危地马拉的一些边境乡镇作短暂袭扰。

6月18日，卡斯蒂略的“军队”真的进入了危地马拉，没遇到任何阻击。中情局操纵的传媒却报道说，反政府军队打了几个大仗，取得了节节胜利，正日夜兼程向首都挺进，人们都团结在卡斯蒂略上校的周围。几天后，美国用飞机在危地马拉首都的一个公园扔下一颗小炸弹，按照艾森豪威尔的要求，炸弹没有伤着任何人，但在“解放之声”广播电台等传媒的渲染下，人人都以为战斗在家门口发生了，纷纷逃离危地马拉。6月27日，危地马拉总统阿本斯逃离了他的国家，宣布下台。卡斯蒂略和他的150人反政府分子“军队”，乘美国飞机进入了危地马拉首都，接管了全国政权。

美国人兵不血刃，靠传媒制造舆论颠覆了阿本斯政府。人们认为，利用传媒造谣惑众，在别国制造动乱，把传媒当作颠覆一国政府的主要工具，是一种严重违反传媒道德的卑劣行径。

戴高乐将军用收音机粉碎兵变

1830年，阿尔及利亚成了法国的殖民地。第二次世界大战后，阿尔及利亚民族解放阵线同法国侵略军展开了反抗殖民统治武装斗争。法国总统戴高乐将军是一位顺应历史潮流的明智领导人。他看到长期殖民战争给人民造成的深重灾难，决心尽快结束这场不得人心的战争。1961年初，双方达成了协议。当时，驻阿法军总司令等高级将领坚决反对从阿尔及利亚撤军，密谋在阿尔及利亚发动一场兵变，由他们独立统治阿尔及利亚。戴高乐得到密报后，对国防部长说：“驻阿尔及利亚的官兵们十分辛苦，我决定给他们送些慰问品，以改善他们的生活条件。”部长说：“我立即照办，准备一批食品和衣物。”

戴高乐摆摆手说：“不，就送一批晶体管收音机吧。”

国防部长遵命而行，迅速把几千个袖珍晶体管收音机送到驻阿官兵的手里。驻阿法军官兵们爱不释手。一有空闲，他们就打开收音机，收听祖国的广播节目。一天夜里，官兵们突然收听到来自祖国的一条重要新闻：法国政府正式宣布同阿尔及利亚民族解放阵线公开谈判，停止在阿尔及利亚的战争，分批撤回驻阿尔及利亚的法国军队。这个消息关系到驻阿广大官兵的前途和命运，军营里官兵奔走相告，一传十，十传百，大家纷纷聚集到收音机旁仔细收听广播。

在重要新闻发布后，紧接着便是戴高乐将军对驻阿法军的动员讲话：“亲爱的士兵们，我是总统戴高乐。你们面临着忠于谁的选择，你们必须立即做出决定！……我就是法兰西，跟我走，服从我的命令……你们的祖国、你们的亲人、你们的总统想念着你们。跟我走吧，回到祖国的怀抱，回到亲人的身旁……”

戴高乐的讲话极具感召力。在第二次世界大战时，法国被法西斯德国占领。正是戴高乐将军“跟我走”的著名广播讲话，组织起一支流亡国外的法国抵抗运动的救国部队，为祖国的和平与主权冲锋陷阵，使祖国得以解放。如今，总统那熟悉、亲切的“跟我走”的号召，一下子勾起了官兵们思念祖国、故土和亲人之情。早已厌战的驻阿官兵立即纷纷扔掉武器，走出军营，成群结队地奔向祖国。

决心与总统顽固对抗的驻阿将领们顿时慌了手脚，军心散了，由数万名官兵组成的庞大铁军竟然被那个很不起眼的小小的晶体管收音机给瓦解了。兵变阴谋不战而败。1962年7月3日，阿尔及利亚正式宣告独立。

美国用“美国之音”大打“没有硝烟的战争”

美国为了谋求全球霸权，经常利用提供武器、雇佣军和军事顾问等方式在国外活动。但东欧一向是苏联的传统势力范围，美国知道，在这个地区动用任何军事工具都将导致与苏联对抗的升级，这不符合美国的利益。而进行猛烈持久的政治宣传攻势，以大众传媒为“破城锤”，与经济、外交等手段综合运用，从内部演变、瓦解，从外部侵蚀、分化，打一场“没有硝烟的战争”，更符合美国的根本利益。

这场以广播、电视、报刊为武器，以电波、图像、文字为弹药的“没有硝烟的战争”，在20世纪50年代中期就见到了成效，使东欧各国发生严重的政治骚乱。80年代末90年代初，以美国为首的西方世界在“没有硝烟的战争”中大获全胜，共产主义政党执政的东欧各国和苏联，像多米诺骨牌一样，一个接一个地相继倒下。

“美国之音”是唯一由美国联邦政府经营的官方广播电台，开办于1942年，当时正值第二次世界大战进行得最紧张的时期，开台的直接目的就是针对敌国开展“心理战”、“政治宣传战”，因而它当时隶属于美国战略情报局。1982年，“美国之音”划归美国新闻署，但在政策制定、广播内容方面，“美国之音”仍然接受中央情报局的具体指导。

“美国之音”总部设在华盛顿，在慕尼黑、曼谷、蒙罗维亚、开罗设有节目制作中心，在亚、非、欧三大洲“具有战略意义”的地区设有转播台，每天24小时广播，覆盖全球每一个角落。

“美国之音”和“自由广播电台”、“自由欧洲广播电台”都特别重视针对共产党执政国的少数民族进行广播。苏联有4 500万穆斯林教徒，“美国之音”选用穆斯林通用的乌兹别克语广播。此外，“美国之音”另用6种苏联的少数民族语言广播。“美国之音”的对华广播不仅用普通话、方言，还用藏语、维吾尔语、哈萨克语广播，其中藏语节目每天达3小时，其险恶用心昭然若揭。

英国王妃戴安娜，也算是一位政治人物，她就有一个班子为她策划传媒。狗仔队追逐王室和戴安娜的绯闻，戴安娜的策划班子进行各种策划运作，散布的信息真真假假，让狗仔队东奔西跑，疲于奔命。这个班子和狗仔队周旋，互相利用，两者之间实际上是在进行一场对弈，都在下一盘棋。要下赢这盘棋，就要策划传媒。王宫手中没有传媒，传媒在人家手中。

美国追捕的世界头号恐怖分子本·拉丹，也经常用策划传媒的办法对付美国。他被美国追踪围困了五六年，行动极不方便，但是，他隔不了多长时间，就通过一些渠道，把自己的讲话制成录像带，在传媒上公布出去。他在讲话中宣布要采取什么行动，什么时候要发生什么事情，弄得美国惊慌失措，赶忙采取措施防范；拉丹散布的信息真真假假，美国疲于应对，无可奈何。拉丹利用美国人“9·11”之后产生的恐怖心理，通过传媒进行心理恐怖袭击。传媒成了他对美国进行心理恐怖袭击的武器。

第五章
企业是如何策划传媒的

企业的策划传媒是数量最多的策划。特别是现在，全国经济一体化、全球经济一体化，企业面对一个共同的大市场，在不同的发展时期，遇到不同的问题，不同的主客观条件，所要策划的内容是多种多样的，应随着市场的不断变化而千变万化。

一、危机公关策划

自己的拳头产品或名牌产品被别人假冒，不明真相的顾客在使用假冒伪劣产品后又投诉正宗的生产厂家，由于顾客使用不当而使产品变成一颗“定时炸弹”，这一切又被不知道真相的记者们登上报纸和电视；甚至由于主管部门的检验标准不同而严重影响自己的产品销售和厂家名誉……这种种的原因使企业陷入重重危机时，如果企业领导们粗心大意或拿不出很好的解决办法，企业就会掉入万劫不复的深渊，以致越陷越深，不能自拔；如果企业灵活应对，通过精心策划，又会使危机变成一次绝佳的广告宣传机会，化险为夷，逢凶化吉。

如果说制造新闻由头、进行形象包装是企业的主动进攻的话，那么应对负面报道、化解危机的公关就是企业的积极防守。许多企业热衷于主动进攻，不善于积极防守。面对各种突发的新闻危机，不是束手无策，就是草率从事，结果往往一触即溃，甚至一些非常强大的名牌企业也在一夜之间土崩瓦解，灰飞烟灭。

危机公关的基本原则：

（一）主动介入，坦诚面对

任何性质的新闻危机发生后，当事企业或者个人必须迅速主动介入，承担责任，不能坐等事态发展，以免落得只有招架之功没有还手之力。

主动介入首先给人感觉是有诚意，敢负责，其次是可以掌握资讯发布源，以此加强和媒体及大众的信息沟通，使信息形成平衡状态。

一旦危机发生，企业自然成为新闻媒体关注的焦点。在危机发生后的24小时内应成立专门的危机新闻发言处，召开新闻发布会，向媒体坦诚阐述实际情况，把事情的真相公之于众，并且澄清已经或可能产生的小道消息。

在整个事件的处理过程中，企业必须始终牢记一点：合作。无论记者的态度如何，都应该尽力与其合作，不拒绝提供相关信息，不与记者辩论任何有关报道的新闻价值问题。对外的新闻传播应保持口径一致，最好由固定的发言人负责。对外的发言力求坦率，千万别说一些诸如“无可奉告”的话，这不仅反映出你的不合作态度，更为严重的是它留给了记者们广阔的推断和猜测的空间，到时四处蔓延的消息将给企业带来众多不必要的麻烦。

（二）借助权威，客观评价

企业一定要积极配合处理此事的相关官方机构，或者社会权威机构，赢得官方和社会权威机构的同情和支持，让发布的每一个数据都包含官方或权威机构介入的成分。同时，以积极主动的姿态欢迎和邀请媒体和其他社会监督机构、权威人士进行现场监督。让这些社会监督机构和人士，以第三方的身份发表客观评价。

（三）寻找机会，转移视线

危机中也蕴藏着机会。要积极寻求新的机会，抓住某个有利于自己的机会，制造新的兴奋中心，借势反炒，就可以变被动为主动，化危机为机会。

例1　沙松电冰箱爆炸的危机公关

1998年7月20日，南京发生“沙松”牌电冰箱爆炸事件，箱门被炸出两米，砸到对面的墙上，拇指粗的冰箱钢门锁被扭弯，墙上炸出几个大窟窿。7月22日，南京《扬子晚报》就刊出《一台沙松冰箱爆炸》的消息和现场照片。“爆炸”新闻在南京城里沸沸扬扬。一些用户提心吊胆，连忙把冰箱搬出卧室，一些人把 “沙松”冰箱视为“定时炸弹”。

“沙松”电冰箱总厂在玄武饭店包下了一个会场，专门接待南京市各报的记者。他们向记者表示，只要一把爆炸原因弄清楚，便马上公开；而且还要将所有细节告知新闻单位和广大顾客。如果确实属于质量问题，就一定要向南京人民交代清楚，让几十万冰箱的用户放心。

事件调查小组很快开始工作。日本技术专家对冰箱做了检查，结论是：虽然经过剧烈震荡，但压缩机工作正常！制冷系统工作正常！大量论据说明，爆炸原因肯定与质量无关，爆炸原因来自外部。事情前后经过，南京电视台都作了录像和报道。

事件处理小组进一步调查用户对冰箱的使用情况。但该用户却不坦白真相，还无理要求赔偿一台186升的双门电冰箱。厂领导认为，这是一次对工厂形象极好的宣传机会，有这么多的记者在场，平时请还请不来呢，拍一次广告也得花好几万，一台冰箱算得了什么，一口便答应了。更为重要的是，只有用户讲出实情，才能找出冰箱爆炸的真正原因，使广大用户吃个定心丸。厂方的这种态度，感动了南京各家新闻单位，他们纷纷帮助“沙松”厂家调查原因。

冰箱爆炸现场清理后，用户却不同意让人把冰箱拉走和动用仪器检测。经过再三劝说无效后，事件调查小组态度开始强硬起来：如果用户拒不说明原因，厂方就将动用公安部门来强行检测……在明白事态的严重性后，用户只好承认在冰箱内存放了易燃易爆品丁烷气瓶。

爆炸原因终于大白于天下：丁烷气瓶在低温冷冻时，金属瓶壳收缩，导致丁烷气瓶气阀松动和瓶口破裂，泄露出的丁烷气与冰箱内空气混合超过一定浓度时，遇到温控开关启闭产生的电火花而引起爆炸。

事件处理小组以最快的速度将这一消息通知了新闻媒体。当日，《扬子晚报》便刊出消息：“冰箱不会自动爆炸”，副标题是“沙松冰箱爆炸原因查明”。《南京日报》也刊登了同样的消息，并且用十分醒目的提示语言写道：“厂家提醒用户，不要在冰箱内存放易燃易爆危险品。”南京电视台在晚上黄金时间邀请刘总工程师在电视上发表了一个简短的讲话：一是讲明爆炸原因，二是感谢南京新闻界对“沙松”的支持，三是感谢南京人民对沙松电冰箱总厂的支持与厚望。

一个半月后，《南京日报》又刊出一篇题为“沙松电冰箱销势仍旺”的文章。经过“爆炸”事件带来的影响，“沙松”在南京可谓家喻户晓。一位消费者就说：“冰箱爆炸的原因报上登得很清楚，我们对‘沙松’比较信任，因为冰箱门都炸破了，冰箱还无重大损坏，可见‘沙松’冰箱质量不错。”

“沙松”的“爆炸”危机，不仅没有影响“沙松”的销量，反而提高了“沙松”的知名度和美誉度。可见，作为企业的领导，必须领悟危机公关的方法：（1）迅速隔离危机，尽快调查和查出事实真相；（2）危机发生后，必须坦诚面对新闻界和顾客；（3）企业的领导必须自始至终维护组织形象，敢于揭露任何隐患。

例2 霞飞不合格产品曝光后的危机公关。

1992年3月15日，中央电视台播放了“3·15国际消费者权益日‘消费之友’文艺晚会”，对8家国产化妆品中的3家进行了曝光，其中包括上海霞飞日用化工厂。

这条消息无异于一颗大炸弹。3月16日上午，上海百货大楼就取消了霞飞专销柜。消费者迅速传播：“不曝不知道，一曝才知道，霞飞是假冒。”退货单雪片般飞向霞飞厂。欣欣向荣的上海霞飞日用化工厂很快陷入瘫痪状态。

为挽救“霞飞”，公关部有关人员火速进京，开始了艰苦的公关活动。他们找到中华国产精品推展会，恳请推展会“救救霞飞”，并向推展会详细介绍了有关“霞飞”的情况。“霞飞”是残疾人工厂，1985年以20万元起家，至曝光之时，拥有固定资产2亿元，年销售量达5亿元，拥有省优、部优产品，是我国化妆品行业的骨干企业之一，停产一天，损失惨重。

推展会知道一些事情原委后，明白此次公关活动面对的是众多强劲的“对手”，但出于责任感，还是应承下来，开始了拯救霞飞于危险之中的“危机公关”。

中华国产精品推展会立即召开首都各大报记者座谈会，动员新闻力量，赢得社会舆论的同情，并请来中国化妆品工业协会负责人陈述详情。很快，《光明日报》等8家报纸都写了内参。中华国产精品推展会给中央有关领导写了一份《关于八家化妆品被曝光的紧急报告》，报告中提到“中国质量万里行”的目的在于打击假冒伪劣产品，而不是摧毁民族工业。这份报告送达中央有关领导手中，中央有关领导迅速作出指示：曝光要慎重，不是要把民族工业搞垮，请认真研究。

为了彻底扭转局面，推展会又采取了广告战，在《人民日报》、《北京晚报》、《中华工商时报》、《中国青年报》、《经济日报》上刊登“中华国产精品推展会严正声明”。“霞飞”采取退守二线的闪电式公关战略，通过第三方——中国公关协会举办的国货精品推展会出面发布公告，证明“霞飞”的产品质量可靠。这样，其透明度和公正性远比自己解释有分量，这种恰当的战术使得霞飞厂起死回生。

上海新闻界原本是痛打“霞飞”，此时也转为为“霞飞”辩护。

“3·15”危机公关前后共18天，使一个危机四伏的企业起死回生。这次的危机策划，使“霞飞”当年比上一年增加销售额9 000万元。这不能不说是一个危机公关的成功典范。

“霞飞”的公关之所以成功，有两条很好的经验：一是由一个有影响的社会机构（中华国产精品推展会）出面为其伸张正义，一个强有力的第三者比本单位说话行动都更客观和有力量；二是“霞飞”长期以来就和中华国产精品推展会建立了密切的关系，有一条畅通无阻的媒体通道。这两条经验很值得学习。

例3　两个跨国公司面对“苏丹红一号”的危机公关的对比。

2005年2月18日，英国食品标准署就含有添加“苏丹红一号”色素的食品一事再次向消费者发出警告，并在其网站上公布了亨氏、肯德基、联合利华等30家企业生产的可能含有“苏丹红一号”的产品清单。英国关于苏丹红的恐慌迅速传到了中国，而这种威胁是可以触摸得到的——“苏丹红一号”作为一种色素具有致癌性，而在英国的检测中，肯德基、联合利华公司、亨氏公司等国际知名企业的产品牵涉其中，这些跨国公司的跨国性质很容易让大家怀疑起他们在中国的产品中是不是也添加了这种色素。

2005年2月23日，中国国家质量监督检验检疫总局发出紧急通知，要求各地质检部门加强对含有“苏丹红一号”食品的检验监督，开展全国彻查，严防含有“苏丹红一号”的食品进入中国市场。

3月15日，肯德基的新奥尔良烤翅和新奥尔良烤鸡腿堡的调料被检查出含有“苏丹红一号”。3月16日，肯德基所属的中国百胜集团通过多家媒体向全国发出声明，“本着对广大消费者的食品安全负责的一贯原则”，“决定从三月十六日起，立即在全国所有的肯德基餐厅停止售卖新奥尔良烤翅和新奥尔良烤鸡腿堡两种产品，同时销毁所有剩余调料”。在声明的最后，肯德基表示，“对此次食品安全条件，肯德基深表遗憾，并向公众致歉”。

在肯德基发表这一声明后，第二天报道此事的媒体，对肯德基自曝家丑的动作，褒多贬少。据不完全统计，在广州地区，《南方都市报》、《广州日报》都在头版头条，大篇幅刊登了肯德基的相关报道，这两份报纸还在各自的社论中对肯德基作了进一步的分析和评论。而在其他地区，各主流媒体都对肯德基的主动和诚信表示肯定，新华网、新浪网、人民网、搜狐网等几大权威网站也在进行大量的跟踪报道。肯德基自查出“苏丹红一号”后“愿承担法律责任”、“肯德基道歉”、“肯德基将赔偿”等几百条标题醒目的报道，成了肯德基危机公关的一股强大的力量。

从当时的媒体报道中可以了解到，在肯德基这两种产品停止售卖以后，到肯德基餐厅就餐的顾客并没有明显的减少，有些餐厅对这两种产品停售的原因在餐厅中并没有作出明示，仅仅是在记者询问时才被告知具体停售的原因。坦诚公告和向公众致歉的勇气和态度在一定程度上获得了公众的理解。

亨氏集团的态度就扭扭捏捏。3月10日后亨氏全面停止生产和销售美味源辣椒油和美味源金唛桂林辣椒酱，同时还回收这两种产品，并隔离含有“苏丹红”成分的原材料——辣椒精。3月29日，在广州食品安全办公室的协同下，亨氏在广州对已回收的美味源辣椒油和美味源金唛桂林辣椒酱进行销毁。然而在整个事件中，处在风口浪尖上的亨氏集团更多的是选择了沉默。在接受记者采访时，公司董事总经理表示，现在他们唯一能做的就是积极配合有关部门的调查以及向消费者道歉：“我们已经将美味源牌金唛桂林辣椒酱的销售数量和数据、产品流向、供应商的详细情况进行了调查，材料全部都提供给了政府部门。同时，希望消费者能接受我们的检讨。”

2月28日，亨氏集团发布声明称：“亨氏在中国设立的所有企业，在生产方面均严格遵照中国国家标准生产，所有产品均符合中华人民共和国国家标准。”公开声明信誓旦旦。但是，当后来真正检查出含有“苏丹红”成分的原材料——辣椒精时，他们的检讨看不出他们有丝毫的想承担责任的态度，连最基本的“向消费者道歉”的字眼都没有，亨氏的做法让人感到很遗憾。

两个跨国公司，危机出现时，检讨问题一快一慢，一个主动一个被动，一个承担责任一个推卸责任，其间的差别不言自明。肯德基危机公关的最大武器是诚恳的态度。

传媒是影响社会舆论的机构，在现代信息社会，各种新闻媒介的传播速度达到闪电般的迅捷。危机发生，最容易引起公众的关注。因此，面对危机事件，没有一个组织可以企图开脱关系。任何掩盖都是徒劳的。所以，危机传播是现代公关中最新的项目，有效的传播战略和行动计划在整个危机管理中具有非常重要的作用。

处理危机事件的公关宗旨是：真实传播，挽回影响。当事件发生后，与该事件有关的人们出于趋利避害的本能，强烈要求了解事件的状况及与自身的关系，如果缺乏可靠的信任，则往往做出最坏的设想来作为自己行动的根据。只有真实、准确的传播，才能获取公众的信任，争取公众的谅解与配合。只有把握舆论的主动权，才可能变不利因素为有利因素，尽快恢复自己的社会声誉。

二、广告策划

这些年来，随着经济的发展，广告业也飞速发展。与市场同步，讲广告和广告策划的书也出得很多，内容十分丰富；企业积累的策划广告的经验也很丰富。

广告一是随着市场经济的发展而发展，二是随着传媒的发展而发展。广告策划一定要跟上传媒变化的新形势，在不断发展变化的传媒中去寻求创新的策划思路和方法。

索尼生产的Cyber-shotDSC—F828数码相机，市场目标对象是高端玩家。但这些行家多年来一直运用传统的光学相机进行摄影，他们是一群执著的专业人士，拥有足够的知识、权威和自信的判断力。一句话，他们对摄影有着自己的意见领袖，很难受其他意见的影响。企业要实现自己的市场目标，最传统的方式是：到摄影杂志上去刊登广告。因为那里聚集的作者和读者是真正的行家或发烧友。

如何影响这群人，促使其改变多年的专业摄影习惯呢？负责营销策划的实力传播公司的总经理吴湘玲和她的同事们分析，应该找到这群人中喜欢尝试新鲜事物的人。他们为索尼Cyber-shotDSC—F828数码相机做了一个意想不到的广告策划：启动一种新型武器——博客，到摄影博客网站以及一些喜欢玩新的博客网站去做广告。

目前，技术痴迷者、发烧友以及部分先觉大众组成了博客的主体和浏览者。这些由博客凝聚起来的人喜欢尝试新鲜事物，具有意见领袖的基本特质。如果先影响了博客，他们就会把使用索尼这款相机的感受快速地传达出去。

这种方法叫征服意见领袖。人们在进行传播时，千万不要忽略那些卓有成效的以人际传播和组织方式达到的传播效果，千万不能忽略“意见领袖”的指导作用。这正是“射人先射马，擒贼先擒王”。索尼Cyber-shotDSC—F828数码相机的推广正是利用了这条计策，终于实现了预期的目标。索尼公司在博客上面做的广告取得了完全的成功，最后终于占领了大部分的市场。

其实，奥迪A3跑车在美国上市时，用新车发布会制造了一个戏剧开头——新款奥迪A3跑车丢了。紧接着在互联网上传递图片和线索，号召了近百万美国人互动参与。把这件事炒火的，就是博客。这里，奥迪用了一个新奇的戏剧游戏形式，其目的无非是让人们买下一辆车时，视野里会有奥迪A3。

现在传媒上的广告，还流行一个新的方法。这个新方法是：在广告文案中做出新闻的内容，以新闻的内容填充广告的版面。这个办法就是以假乱真，让马虎的读者把广告当成新闻来读，使广告达到新闻的宣传效果。

广告放在报纸的广告版面上，读者自然把它当成广告，可也有粗心的读者就把它当成了新闻，误以为是记者在报道。社会上千千万万个单位，都在争夺报纸有限的新闻版面，就看谁的水平高。这种方法是使广告版面参加了新闻版面的争夺，使广告里增加新闻的含金量，特别是增加有吸引力的新闻的含金量。

成都傻儿火锅20世纪90年代最早采取这种办法，本来是广告版面，全做成了图文并茂的新闻内容，就连字号、栏数、线条等版面语言都与新闻版面完全一样，又安排在新闻版的下半版，与新闻版接在一起，中间只有一条细线，辟栏的细线更加突出了傻儿火锅的报道内容，读者就根本没想过这是广告。广告收到了新闻的传播效果。

日本SB咖喱粉公司就做过这样的广告。SB咖喱粉公司是一家产品滞销、入不敷出的小公司；咖喱粉大量积压，一切的促销手段施尽后仍不理想。公司走马灯似的一连换了三任总经理。第四位总经理田中上任后就动脑筋想新办法。据调查，人们对SB公司的牌子陌生得很，而超市货架上各种包装的咖喱粉应有尽有，人们凭什么要非买它不可呢？几天后，日本几家大的报纸杂志上，都刊登了一个令每一个日本人都感到震惊的广告。广告的内容不是讲产品的好处，而是说他们要做一件事情："SB公司决定雇直升机数架，飞临白雪皑皑的富士山顶上空，然后把咖喱粉撒在山顶上，以后，人们看到的富士山将不是白色而是咖喱粉色……"

富士山是日本最大的名胜，在日本人和全世界人们的心中已成了日本国的象征。在如此神圣的地方，居然要撒上咖喱粉，对国人而言，怎可容忍！全国各地一片愤慨之声。当时，也有不少人估计，SB公司只不过在夸大其词，制造轰动效应而已。人们为SB公司的胆大妄为所不齿，对他们大为指责。SB公司的名字频频出现在报刊上，成为众目所望。

传媒舆论激烈抨击SB公司好几天。SB公司要在富士山上撒咖喱粉的日子马上就到了。突然，报上又出现了SB公司的一则郑重声明："由于社会各阶层的强烈反对，本公司决定取消原计划。"正当人们欢庆富士山不会改变颜色时，田中和他的SB公司也在庆祝他们的胜利，因为全日本的老百姓都知道了SB公司的名字，而且更为重要的是，人们误以为SB公司是一个响当当的大公司，它财大气粗，能叫富士山改变颜色，很有经济实力。从此，SB公司的咖喱粉成了畅销货，并扭亏为盈。这个公司先后两次用广告制造了吸引人的大新闻，达到了它扩大影响的目的。

史玉柱的广告策划也具有把新闻性和可读性融进广告的艺术。1998年，史玉柱在巨人倒下、沉寂几年、做好充分准备之后，决定将脑白金正式推出。他迅速启动全国市场的方法依然是策划传媒，但使用了一个新方法：以软文形式攻占消费者的心理。软文，即软性文章的简称，与硬广告的概念形成对比。软文为史玉柱以区区50万元在短期的3年时间里年销售额达到十几个亿，立下了汗马功劳。

脑白金的软文分新闻性软文和科普性软文两大类。保健品营销通常离不开功效诉求，人们购买某种保健品是因为它具有某种“作用”，那么，这种“作用”是如何产生的？为什么会有这种“作用”？要想使消费者信以为真，最好的办法就是摆事实，讲道理，以理服人。这种说理的软文貌似在做公益性的科学普及工作，实质醉翁之意不在酒，目的是为了神不知鬼不觉地诱使消费者自然而然地钻进商家设计好的“圈套”之中。文章的说理与科学事实结合在一起，能够使人心悦诚服，新刊登的费用又比广告低得多。

史玉柱将他的策划班子十来名文案高手组成一个软文文案组，关到常州一家酒店，集中10天时间进行全封闭式的软文写作。选材、创意、写稿、讨论，每人每天写两篇，写好之后统一交给史玉柱审阅。史玉柱则按事先拟定的软文写作10条标准进行对照，稍不吻合即被退回重写，这样推来敲去、反反复复几个回合之后，确定了一批“千锤百炼”的候选作品。然后，将这些候选作品拿到营销会议上去，让来自一线的各地子公司经理们一一评定，投票表决，一篇一篇地朗读，一轮一轮地投票，最后按得票多少敲定要用的软文。脑白金软文的生产程序恐怕比脑白金的生产程序还要严格，经过这样严密的程序生产出来的软文就有了“原子弹”一样的威力。

经过这样千锤百炼生产出来的新闻性软文共5篇：《人类可以“长生不老”吗？》（一、二、三）、《两颗生物原子弹》、《98世界最关注的人》。科普性软文有：《美国人睡得香，中国人咋办！》、《人体内有只“钟”》、《夏天贪睡的张学良》、《宇航员如何睡觉》、《人不睡觉只能活五天》、《女子四十，是花还是豆腐渣？》、《一天不大便=吸三包烟》。看看这些软文的标题，就知道它的吸引力。如果一篇一篇地读下去，凡有脑白金诉求潜在愿望的人，要想不在内心产生“震撼”，要想抵御脑白金的诱惑而不去买脑白金，是不可能的。

史玉柱对文章的刊登方法也做了策划，例如，一定不能登在广告版，那就等于广告了；最好选阅读率高的健康、体育、国际新闻、社会新闻版。文章周围不能有其他公司的新闻炒作稿子，以免转移视线；最好是这个版全是正文，没有广告。文章标题不能改，要大而醒目，文中的字体字号与报纸正文要一致，让读者看不出商业炒作的痕迹。不能登“食宣”字，不附热线电话，不加黑框，但必须配上报纸栏目题花如“专题报道”、“环球知识”、“热点透视”、“焦点透视”、“焦点新闻”等等，每篇文章都要配上相应的插图。每一轮软文登完之后，还要以报社名义郑重其事地刊登一则《启事》：

“敬告读者：

近段时间，自本报刊登脑白金的科学知识以来，收到大量读者来电，咨询有关脑白金方面的知识，为了能更直接、更全面回答消费者所提的问题，特增设一部热线：×××××××××，希望以后读者咨询脑白金知识打此热线。谢谢！”

史玉柱的另一个重大策划是出版了一本描述脑白金在全世界畅销的书——《席卷全球》。作者用的是“维虹”的署名，由岭南美术出版社1998年4月正式出版。书的封面用了几行醒目的提示语：“世纪末重大发现”，“美国人疯了”，“谁是人体总司令”，“‘性趣’倍增”，“中国人将要火爆”。书中更是充满了神话般的语言：“美国5 000万人抢购”，“价格被炒到白金的1 026倍”，“克林顿、教皇保罗二世也服用脑白金”，“台北市政府医疗机构每年利用大量外汇从美国进口脑白金以供李登辉、连战等要员长期服用”，等等，书中还把脑白金与克隆技术并称为20世纪生命科学领域的两大突破。

《席卷全球》全书共89页，分九章。第一章为《美国人的疯狂》，称脑白金的价格竟然是白金的1 026倍，在欧美国家已经卖疯了。第二章为《人体司令部》，称人脑的核心是位于大脑正中央仅有黄豆粒大小的脑白金体，脑白金体分泌出来的物质为脑白金，随着年龄的增长而减少，因而掌管着人类的寿命和衰老大权。脑白金为人体内天然存在的小分子化合物，从低等动物到高等的人类，每一种生物都能产生脑白金，这种神奇的物质已在自然界存在了30亿年（为生产脑白金埋下伏笔）。第三章《九十岁的中年人》和第四章《姑娘、少妇和老太太从根本美丽》，分别讲的是补充脑白金能够使人返老还童，延长寿命，男人壮阳，女人漂亮。第五章《安眠药将进入历史垃圾堆》，讲的是脑白金对改善睡眠有特效。第六章《增强免疫、抵抗疾病》，那就是有病治病，没病防病了。第七章《人生“性”福八十年》，着重讲述脑白金提高性欲方面的神奇作用，文末还指出“脑白金的弊端”：脑白金的唯一“不足”就是有可能导致社会性犯罪的增加，而且性犯罪的年龄也会增大。因为一个长期服用脑白金的老年人，其性能力和年轻人几乎没有差别！第八章《脑白金第二次革命》，强调脑白金的解毒和排毒功效，为推出胶囊+口服液奠定理论基础。第九章《中国人与脑白金》，预言脑白金在中国将要火爆。

经过这样精心制造出来的“超级原子弹”，在炒完新闻性软文之后立即开始向社会各个单位免费寄书，各地营销人员照着当地电话号码簿的名录给每个单位寄去两本书，一些特殊的单位如银行、老龄委、邮局、电信局、各种协会、教育部门等则要增加寄书的量，并提倡对这些单位送书上门，因为这些单位收入高，读书人多，目标消费者集中。另外，还要给电话咨询建档的消费者每人寄去一本，必须在两天内寄出，不能漏寄，并要随时上门访问或经常打电话以示关怀，因为这些人更是重点客户。让每个买脑白金的人都能得到一本书，回去一边吃脑白金，一边看书，提高对脑白金的忠诚度，吃完了还来买，成为回头客、常客。

他们还将《席卷全球》一书中的精华部分摘出来，汇集成报纸两个整版的篇幅，印刷出来，夹在各地发行量最大、最权威的2—3种报纸中送出，这种形式被称为“书摘”。书摘内容说服力极强，容量大，对市场的促销作用显著。

当软文、书和书摘这些“润物细无声”的“地面部队”悄悄地征服消费者之后，脑白金的电视广告又席卷而来。史玉柱在中央电视台做广告，投入超过了当时的“标王”。脑白金电视广告每天在黄金时段、亚黄金时段滚动播出，专题片、功效片、送礼片，三种版本将报纸软文变成电视软文，相互补充，给合播放，形成了铺天盖地、狂轰滥炸的态势，产生了不同凡响的传播力度。电视广告的“高空轰炸”、加之平面媒体的“地面接球”（软文）、市场终端的“临门一脚”（书），创造了脑白金的非凡业绩。仅2001年1月就创下了2个多亿元的佳绩，突破了中国保健品行业单品单月的销售纪录，使脑白金成为“快速启动市场、迅速拓展全国领域”的典范。（参见何学林著《成败巨人》，经济管理出版社，2006年1月第1版）

三、新闻策划

新闻比广告好，有三大优势：（一）广告是自己说，新闻是人家说；（二）新闻是事实，不是广告化的口头承诺；（三）花钱要少些。

传媒上就刊载传播两种东西，一是新闻，二是广告。策划者千方百计利用广告扩大影响，更千方百计利用新闻去影响受众。

传媒上传播的新闻，其实都是各个领域、各个单位、各种人策划制造出来的。社会上有千千万万个单位，有层出不穷的新闻，都在争夺报纸的新闻版面、电视的新闻频道。就看谁的新闻策划水平高，谁的公关能力强，谁就能挤上版面，挤上头条，挤进黄金时段。策划传媒的竞争，竞争版面频道上能占多少份额，其实就是策划新闻的竞争。

为了提高和扩大企业的知名度、影响力、美誉度，企业要不断在媒体出镜，见名，要有高出镜率，就要策划好企业的新闻，以新闻的形式面对受众，会让受众更相信，更了解。

企业要做好自己的新闻策划，是有很好的条件的。因为自己比新闻单位更熟悉自己，更了解自己。以前面讲过的四川碧峰峡为例，2000年元旦开业、春节游人拥堵，两次新闻采访高潮，记者都未发现碧峰峡模式。第三次新闻高潮，聂卫平在碧峰峡同时和150人对垒下棋，我当时任《华西都市报》总编辑，也去了。在吃饭的时候听他们老总陈清华讲，碧峰峡让民营企业租用了50年的开发经营权，但这个做法违反了国家关于风景名胜不能交给民营企业经营的政策规定，由此引起了一场争论，上级干预过问，差点撤资走人，不搞了。我发现风景区出让开发经营权的新模式，对景区资源丰富但又缺乏资金的西部有重要意义，西部大开发必须打破一些旧框框。我便策划推出了碧峰峡模式的系列报道和评论。这个报道引起了很大的反响，后来成为四川省委周永康书记抓的西部大开发的典型。朱镕基、钱其琛等30多位国家领导人，100多位部长先后去视察过。国务院组织8个部委联合调查组进行调查研究后，修改了关于风景名胜不能交给民营企业经营的政策规定，碧峰峡一下子成为全国旅游企业体制改革的典型。美国《华尔街日报》作了一个版的报道。全国媒体后来都作了跟踪报道。碧峰峡模式的系列报道后来获得了全省好新闻一等奖。

我们反过来推导，假若《华西都市报》也未发现和做碧峰峡模式的报道，又该怎么办呢？《华西都市报》的发现也有偶然性，如果我没去，就不可能做这样的策划。那岂不是埋没了重大新闻！实际上，碧峰峡老总陈清华和我在吃饭时没说几句就感叹：碧峰峡走到今天真不容易，差点退回去，这场斗争让人刻骨铭心。我的新闻敏感马上就被调动出来，一下抓住了这个重大新闻。所以，企业本身最了解自己，有抓出自己的好新闻的最直接的条件；只要有高水平的新闻策划人才，在景区开业时，就应该推出碧峰峡模式的内容，一下就可以吸引住传媒的眼睛。

还有这样的事情：企业出钱请记者写有偿新闻，记者了解情况后，写的报道还获得好新闻一等奖。这说明企业真有好新闻，但不识货。这钱就花得很冤枉。本来有够分量的新闻，可以获一等奖的新闻，不花钱也可以做出来的好新闻，结果花钱了。企业当然要说他们的新闻水平不高。那你为什么不可以提高？企业完全可以培养高水平的新闻人才，或者把高水平的新闻人才挖过来为自己所用。

当然也有另一种情况，那就是写出来的新闻太差了，太像广告了，或者一般化，这就影响传播效果。

企业应该提出一个口号：要把出钱的有偿新闻写成好新闻，把一般新闻写成获奖新闻。

现在报纸电视都有专刊专栏，出钱发新闻的版面或栏目，这是传媒和企业都走市场化道路的结果。企业要在这里获得超过自己出的钱的超值效果，就要提高企业的新闻策划水平。企业一定要明确，是企业应该把自己的新闻特别是好新闻抓出来，而不是传媒把你的新闻抓出来。传媒漏一条企业的新闻无关紧要，企业漏一条自己的新闻特别是重要的新闻，就会造成事关企业发展和命运的结果。假如没有《华西都市报》"碧峰峡模式"的策划报道，碧峰峡肯定没有今天这样的社会效益和经济效益。传媒是在全社会选新闻，漏掉某个单位的新闻没有任何责任。企业自己要对自己负责。所以，防止漏新闻，是企业的大事。

怎么防止呢？每个企业都把它的重要新闻策划出来发出去。所以，企业必须有相当于新闻单位的新闻人才，策划传媒的人才。

培养新闻发言人，其实是注重了形式的东西。是选个能说会道的打扮包装得体面的人，去传声筒似的传达领导的决定。最重要的，不是培养新闻发言人，而是培养高水平的新闻策划人。只要你策划出高质量的新闻，就不愁发不出去。所以，策划新闻是第一位的，发布工作是第二位的。

企业的新闻有两类，一类是本来就已经存在的，一类是原来没有而是动脑筋策划制造出来的。第一类要下工夫把新闻挖掘出来，沙里淘金，像碧峰峡模式那样；第二类则要想办法策划制造新闻，"无中生有"，出奇制胜，平地起风雷，像IBM导演人机大战那样。

例1　柯达公开傻瓜相机专利技术的策划

1963年2月28日，柯达公司在照相大众化与照相简单化的精神指引下，将最新研制成功的袖珍型自动照相机，也就是傻瓜相机，同时在27个国家出售，引发了世界性购买狂潮。就在傻瓜相机大为走俏的时候，柯达宣布，我们不独占傻瓜相机的专利，其技术全部提供给全世界每个相机制造商。

世界上的专利技术都是要花钱买才能得到的。柯达这个一反常规的事成了全世界的重大新闻。为什么柯达这么做？柯达因生产傻瓜相机，当时年营业额超过20亿美元，就凭这个专利就赚大钱，它却把专利公布出来。其实这就是他们精心泡制的一个策划传媒的新闻策划。柯达公司当时有两种产品，一是相机，二是胶卷。相机是耐用品，反复使用多少年也不坏，胶卷却是一次性使用的，消费者需要反复购买。市场上照相机越多，胶卷消费量越大。所以，要推动市场上的胶卷消费量，就要大量增加人人都能用的傻瓜相机。柯达公布傻瓜相机的专利，就使其他公司研发的同类产品变得一文不值。柯达这时正好就抽身出来，全力以赴生产高质量的胶卷占领市场，公司更加财源滚滚。它既卖矛又卖盾，就采用先多卖矛的办法，盾的销路自然也就完全打开了。卖矛又怎么卖呢？它自己开连锁店卖就是了。不，它嫌一个公司开连锁店都来得太慢。它要制造轰动效应。如何制造呢？只有利用传媒。柯达公司要策划利用全世界的传媒来为它服务。这就是国际大公司的策划战略，它对准全世界的市场进行策划，也就对全世界的传媒进行策划。要玩转全世界的媒体可不那么容易。只有具有轰动性的新闻，才能被全世界的媒体报道。怎么来制造一个所有媒体都会采用的新闻呢？从哪里突破呢？柯达公司很会寻找新闻热点，世界上对专利技术都是保密的，它来个反其道而行之，它来个打破常规，向所有愿意生产相机的，毫无保留地提供专利技术。这里用的是逆向思维的思维方法。这在专利史上是划时代的。柯达公司是舍小钱，赚大钱，舍车马，保将帅。舍小钱是施诱饵，最后是要钓大鱼。舍小钱是为了让新闻做大，把新闻做得更加鲜活诱人。这是一个非常成功的经典的新闻策划，也是一个非常成功的经典的商业策划。它最后如愿以偿，达到了预期的目的。

例2　英国航空公司008航班坐一个乘客的新闻策划

1988年，一名日本妇女山本夫人买了一张飞机票，坐英国航空公司008航班由东京飞往伦敦。008航班由于机械故障在伦敦长时间延误，航空公司向191名乘客建议，为避免延误时间，为他们提供另一家航空公司的班机，以便尽早到达伦敦。191名乘客中，190名接受了这个建议，而山本夫人却宁愿等待。后来该机到达东京后，经过加油和准备，起飞时间比原定时间推迟了近20个小时。只有山本夫人一名乘客还飞不飞？英国航空公司研究后，决定还是为这一名乘客起飞。客机上备有353个座位，6部电视和各种饮料、食品供她选用，客舱内的15名乘务员和驾驶舱内的6名机组人员都为她一人服务。

如果单从经济效益的角度来看，这实在是一次得不偿失的飞行。在长达13小时的飞行中，1.1万公里的航程共耗油17.7升，全部飞行成本价值约2.5万美元。但这次飞行却为航空公司换来了很好的信誉。这是一次血本无归的航行。他们已经不是在航行，而是在做新闻。他们知道传媒最需要这样的新闻，这是打起灯笼火把都找不着的机会，必须抓住这个机会把新闻做够。这次飞行使英国航空公司名声大振。

例3　在卫星上做广告的新闻策划

20世纪50年代，美国开始试验人造卫星。在第一颗人造卫星即将升空之际，有家厂商写信给五角大楼，要求在卫星上做广告，五角大楼官员们看了之后不禁哑然失笑：卫星上天之后，谁能看得见你的广告呢！当然也就没有答应。然而这一消息立即和卫星上天一起，成为全美和全世界报纸的新闻。结果厂商未花一分钱，在全世界出了名。其实，他们本来就知道卫星上不会给他们做广告，目的是为了策划一条好新闻，出奇制胜。

企业家要学会编故事、制造故事。故事是传媒和记者们最喜欢的东西。海尔的总裁张瑞敏就很会制造故事，也很会讲故事。 海尔人至今津津乐道张瑞敏当年砸冰箱的传奇故事：1985年，海尔的前身青岛电冰箱总厂发现76台电冰箱有质量问题，在当时市场求大于供的情形下，这并不是什么大事，一是可以返工修理，二是可以降价销售。但张瑞敏却采取了一个反常规的处理办法：让直接责任者当着全厂员工的面用铁锤将76台冰箱全部砸毁！此事无疑取得了多重效果：一是深深震撼全厂员工，激发他们的责任意识和荣辱感；二是具备极强的传播效果，制造了一条很好的新闻，很快就能通过媒体传播出去；三是可以影响消费者，增强他们的信任感。

早在张瑞敏砸冰箱事件之前的1980年，鲁冠球就曾经演出过异曲同工的一幕，他当众下令将只能将就用的3万套万向节运往废品公司。

不仅是公司头面人物、英雄人物的故事才有新闻价值，巧妙地寻找、发现、加工、传播普通员工的故事同样可以带来非常好的新闻效应。

四、活动（事件）策划

企业的活动策划有营销活动策划，生产活动策划，以及包括营销、生产在内的综合性活动的策划。活动策划一定要想办法吸引很多人参加，吸引的人越多越好，特别是企业产品的消费人群。

超级女声对蒙牛公司来说，就是一个营销策划；但对天娱公司来说，就是一个包括生产和营销在内的综合性活动的策划。因为天娱公司是生产超女明星的，生产超女明星的重要原料就是粉丝，没有几百万粉丝的投票，超女是无法生产出来的。而粉丝则是由网络加工出来的。粉丝在网络上讨论，聚集，相互影响，像滚雪球一样越滚越大。没有网络则没有粉丝。所以，网络是粉丝的生产线，是生产超女明星的一个生产链条。

美国大众汽车在美国销售最新的两款甲壳虫系列车——亮黄和水蓝，就根据市场环境的变化，搞了一次网上试用驾车购车的策划。市场环境发生了什么变化呢？他们经过调查研究发现，一个显著的变化，是大多数的购车者都上网了。应该借用网络这个媒体来进行销售活动的策划。经过精心筹划，他们决定搞一次网上试用驾车活动，2000辆新车也全部在网上销售。

公司花了数百万美金在电视和印刷媒体上大做广告，为网上试用驾车购车活动大造舆论，广告语很新颖独到："只有2000，只有在线。"

这是大众汽车第一次在网上销售产品。网站采用Flash技术，建立虚拟的网上试用驾车空间。将动作和声音完全融合进去，用户可以选择网上驾车的不同场景，例如在城市中，在高速公路上，在乡间田野或其他地方，让驾车者感觉到切切实实的真实感。

网上试用驾车购车活动使得网站流量迅速上升，每月平均流量为100万人。在推广的第一天，就有超过8万的访问量。在活动期间，每天独立用户平均为47 000，每个用户花的时间翻了个倍。

网上试用驾车购车活动的效果很好，同时完成了主要目标——得到更多的注册用户。在活动期间，产生了2 500份在线订单，其中60%的用户选择了水蓝车型；超过9 500人在网上建立了名为"我的大众"的个人网页。他们能够更多地了解自己需要的汽车性能，通过大众的销售系统检查汽车的库存情况，选择一个经销商，建立自己的买车计划，安排产品配送时间。

这次市场活动让美国大众汽车经销商明白了电子商务的力量所在，为汽车行业在线销售的高速增长打了漂亮的第一仗。

五、服务策划

如何通过传媒为受众、消费者提供各种各样的有用的服务，也是一个重要的策划内容。

特别是现在有一亿多网民，许多人在网上寻找所要的知识、信息、服务，网络具有强大的服务功能，它的服务功能远远比传统媒体大得多强得多。我们要针对一亿多网民中企业产品消费者的需要，做好企业对消费者的服务策划。

六、话题策划

网络的全民参与性，使得网上每天都在讨论大量的各种各样的问题，这是网络时代的传播特点。网络为全社会全人类搭建了全天候大空间的讨论大会堂，既民主，又活跃。人人都可以登上这个大舞台发表自己的意见。当然也给造谣惑众、恶毒攻击、泄私报复的人提供了机会。策划传媒，必须抓住这个特点进行策划，要想方设法在网上制造话题，特别是要制造热门话题，让网民参与讨论，扩大你的影响。热门话题也是转换成热门新闻的最好途径。

比如超级女声，第一年的评委表现就比较平，因为历来的评委就是打分，最多就一个评委作代表，发表一点简短的意见。第二年，超级女声的评委每个人都发表意见，而且有的意见尖锐泼辣，比如说“人家唱歌是偶尔跑调，你唱歌是偶尔不跑调”等等，这一是引起歌手与评委吵架，二是制造了网络话题。

超级女声的话题还有“黑幕”话题、“中性”话题、“PK”话题，等等，许多话题在网上形成了“吵架”的态势，吸引了大量的受众。

潘石屹卖房子，就制造了不少话题。

例1 IBM导演人机大战

IBM是美国一家生产电脑的公司，从20世纪50年代到80年代，一直毫无争议地雄踞龙头老大的宝座。20世纪90年代前后，随着个人电脑时代和网络时代的来临，尽管IBM公司率先推出了个人电脑，但由于外部的激烈竞争与内部的管理机制问题，IBM逐渐褪去了从前的光环。IBM的主要产品的市场占有率和公司的股票价格也出现下跌趋势。1990年公司还盈利60亿美元， 1991年却一下子亏损近30亿美元，1992年亏损了50亿美元，1993年亏损更高达80亿美元。1994年，IBM与奥美合作，进行“蓝色巨人”电脑的全新打造。为了推出“蓝色巨人”电脑，IBM策划了令全世界瞩目的人机大战的新闻事件。

这个策划的思路来源于几年前发生在莫斯科的一个故事。1989年，苏联著名国际象棋冠军尼古拉·古德科夫在莫斯科和一台巨型电脑比赛国际象棋。几经争夺，古德科夫逐渐适应了电脑的棋路，直杀得电脑丢盔弃甲，狼狈不堪。双方整整鏖战了6天，记分牌上显示出3∶0，人类大师连胜三局。

裁判示意增赛一局，给电脑一个挽回“面子”的机会。古德科夫春风得意，频频挥手向观众致意。电脑的指示灯不停闪动，似乎十分恼怒。随着开局哨声鸣响，电脑先下第一手，古德科夫看也不看，伸手去抓他的棋子……一声惨叫使广场上的观众惊呆了，人们看到古德科夫重重地倒在棋盘上，身上冒出缕缕青烟。赛场一片混乱。等医生赶到时，这位前全苏冠军早已毙命身亡。开始警方认定这是人类历史中首例“电脑谋杀”案。后来经过专家的深入调查，终于发现杀人的罪魁祸首不是电脑，而是外来的电磁波，即有害的“电子雾”，是它干扰了电脑程序，从而造成机器动作失误。

从此，苏联再也不敢搞人和电脑的棋赛。

这个故事给IBM以很大的启发。他们决定要重演这幕人和机器对垒的国际象棋比赛，但最好是出现与之不同的结果——机器把人打败。IBM找到了设计能下棋的电脑设计师许峰雄博士。1987年，他设计的电脑在与其他电脑的角逐中获得冠军，第二年，他设计的电脑首次战胜了国际象棋特级大师本特·拉尔森。IBM认识到这项研究具有重大的商业价值。许峰雄博士来到IBM公司后，锲而不舍地攻克各种难关，改进和完善他的机器。1995年，一种最新型的超级电脑正式诞生，速度达到每秒钟1亿步棋。IBM公司为这台机器起了一个能代表“蓝色巨人”形象的名称——“深蓝”。

1996年2月10日，IBM公司先让“深蓝”与被誉为“人类最伟大的棋手”的苏联国际象棋世界冠军卡斯帕洛夫，在美国费城进行了一次“热身赛”。这场预赛进行了几天，到2月14日仍然扑朔迷离。2月14日进行的第四盘比赛，卡斯帕洛夫和“深蓝”打了个平手，双方的比分恰好以2：2战平。这位机器棋手竟然表现出了人的“大将风度”，不急不躁，以其人之道还治其人之身，出人意料地把自己的一个“兵”送进卡斯帕洛夫的“口里”，“丢卒保车”赢得了棋局的整体。此举出乎包括卡斯帕洛夫在内的众多棋手的意料。

“深蓝”与卡斯帕洛夫的“预赛”最后有了结果。卡斯帕洛夫经过调整战术，终以三胜两和一负的战绩赢得了比赛。不过，双方作战的过程十分艰难，许峰雄博士从“深蓝”的进步中看到了曙光。在以后的一年里，许峰雄给电脑输入了近200万局国际象棋程序，再次提高了它的运算速度，使它每秒能分析2亿步棋。同时，还为它举办了一年多的“棋艺培训班”，由国际象棋特级大师本杰明为电脑当“陪练”，找出某些棋局的弱点，然后再修改程序。IBM公司殚精竭虑，决心为击败人类世界冠军创造“人类杀手”。

“深蓝”究竟行不行？1997年的决战前夕，许峰雄博士又做了一个实验，他们让今天的“深蓝”与去年的母亲“深蓝”比赛一次。在走到第16步时，“孩子”

出了一个怪招，使许峰雄他们百思不解。18步棋后，“孩子”就战胜了“母亲”。IBM相信，“深蓝”可以实现他们多年来的夙愿了。

1997年5月3日到5月11日，在全世界焦急的目光关注下，“深蓝”超级电脑和世界象棋冠军卡斯帕洛夫进行了一场马拉松的人机大战。历经6局紧张激战，“深蓝”终于以3.5比2.5的总比分将卡斯帕洛夫逼下了冠军宝座。当“深蓝”将棋盘上的一个兵走到C4的位置时，卡斯帕洛夫不得不沮丧地承认自己输了。世纪末的一场人机大战终于以计算机的微弱优势取胜。人类最优秀的国际象棋大师被一堆冷冰冰的铁硅机器怪物打败了！

IBM导演的这次人机大战，轰动一时。无论是先期的热身赛，还是“深蓝”母子的实验赛，以至最后的决赛，场场都具有极高的新闻含睛量。竞赛悬念的吸引力，人机对垒的画面可视性，戏剧性故事的可读性，时时刻刻都把所有传媒的胃口吊得足足的。这是一个最出色的商业策划，又是一个绝妙高超的新闻策划。它不用花一分钱，所有媒体成天都围着它的屁股团团转，连篇累牍地做连续跟踪报道，还要挖掘幕后新闻，社会反响，冲击波，等等。IBM名声大振。

下棋的电脑原来并不是IBM的产品，他们在市场上大量销售的是个人电脑，可是他们却下大工夫研究下国际象棋的电脑，为什么呢？因为电脑下棋是他们吸引新闻记者的宝贝，一个策划传媒的武器，一个制造新闻的魔方。下棋的电脑成了他们策划传媒这场大戏的一个道具。他们要让全世界的传媒聚焦IBM。这显示了他们策划传媒艺术的高超。据估算，IBM由此所节约的广告费有1亿美元。比赛结束第二天，纽约证券交易所该公司的股票价格就上扬了3.6个百分点。仅仅股票价格的上涨，就为IBM带来2亿多美元的收益。

七、媒体建设策划

企业一要利用好大众媒体，二要建设好自己的媒体。两者都不可偏废。如果只利用自己的媒体，范围受限，影响力太小；如果只利用大众媒体，没有自己的媒体，缺乏自己的运作平台，主动性难以有效地发挥。

企业如果有报纸、杂志之类的媒体，当然很好。如果没有，也不必强求。在全球经济一体化的今天，最要紧的，是建立企业的网站。网络是现代社会强有力的传媒工具，能以低代价却很方便地把产品或服务的信息发向全世界的每个角落。全世界所有客户都能通过网站了解企业。网络在中国正以几何级数速度发展，因此，任何一家企业，都不应置身于网络之外。网络能最快地把企业和市场、社会整合在一起。

企业建网站有六大好处：一是随时发布企业的新闻和重大举措，让用户、消费者和全社会了解企业，宣传自己，提高知名度。二是开展电子商务。电子商务是未来经济形式发展的大趋势，目标是实现交易信息的网络化和电子化，如使用电子货币，开网上商店，进行网上商务谈判和使用电子签名签合同等等。企业建立网站，从销售的观点看，可以减少交易的中间环节，降低成本。企业网站还可以扩建成为网上销售和售前售后咨询服务中心。三是与客户互动。企业将信息咨询站开设到网上，与外部建立通畅的信息交流渠道，客户能够不断向企业发表意见，企业能够迅速得到客户信息并及时给予答复。双方直接沟通对话，具有增进感情的作用。四是开展各种各样活动的平台。五是建立企业形象。让别人看到自己，展示企业的实力。在国内和世界亮相，无疑是企业宣传自我、展示产品和服务的大好机会。六是做网上广告。网上广告可以链接更多的和更具体的广告信息，信息量可以很大。企业网站本身就是广告，一些企业建立自己的网页，或者开设自己的网站，把企业信息集中起来，分类分栏，方便浏览。

企业上网，这是时代发展的必然。现代社会中所有著名的企业都在网上建立了自己的网页或网站。任何一家企业要想跟上时代发展的潮流，必须尽快上网。为了不落后于时代潮流，没有建立网站的，应该尽快建立企业的网站。

八、全方位统筹策划

企业在一个时期，或者举办一次重大活动的时候，要统一做出策划方案，包括各个单位各个方面的内容，这就是统筹策划。统筹的内容很多，一是广告、新闻、活动等各种策划内容的统筹策划，二是动用各种传媒（报纸、电视、广播、网络、手机等）各种传播形式（消息、通讯、照片、录像等）的统筹策划。

第六章
个人是如何策划传媒的

随着传媒的平民化、民主的进步、开放意识的增强、网络深入人们的日常生活，个人策划传媒的事，不仅会越来越多，而且会成为策划传媒的一个主要内容和常见内容。

个人策划传媒的内容以个人生活道路为中心，包括谋生求职、创办企业、事业发展、爱情婚姻、家庭生活、职务晋升、公共关系、鸣冤叫屈等等。而这些策划的运作，基本上都是先在网络上操作，然后影响波及传统媒体。

一、明星生活道路的策划

前面已经讲过，木子美、芙蓉姐姐、天仙妹妹的策划，就是个人生活道路的策划典型。因为通过策划传媒，她们改变了她们一生的生活道路。

改变个人生活道路的策划，有许许多多的内容。木子美、芙蓉姐姐、天仙妹妹等这一类的策划，使她们成了实实在在的网络明星，使她们走上了明星的道路。虽然说不上是几类明星，但确实具备了明星的基本条件。

这类个人生活道路的策划，可以说是明星生活道路的策划。策划使她们成为明星。

二、婚姻家庭生活的策划

北京市大成律师事务所上海分所律师何鑫，在全国上百家媒体上为富翁征婚，也是一起个人生活道路的策划传媒。

2003年4月，何鑫在全国数十家媒体（包括网站）上刊登了一位富翁的征婚广告，花费超过了100万元。全国范围的媒体传播引发了强烈的反响，应征者多达3 000人。何鑫先从应征资料上“海选”，第一道筛选圈定100人，把资料交给征婚者，由他确定见面对象。然后何鑫陪着他在全国飞来飞去，与候选人一一见面。经过几个月的奔波，最后征婚者找到了他十分满意的对象，喜结良缘。

何鑫成功地为富翁找到伴侣后，一下成了富翁的婚介名人。几年来，50多名富翁找他征婚。他又用同样的办法为第二位、第三位富翁找到了理想的意中人。广告费更高，每次达到两三百万；媒体覆盖范围和选择更周密，数量多达100家。

何鑫的运作受到了一些人的批评和责难，说他是在“选妃”。其实，何鑫就是利用传媒的通道来为社会的这一种需要服务。何鑫对记者解释他采取这种办法的原因说，这些整天忙于工作的单身富人，平时接触的人群其实是非常单调和固定的，归纳起来不外乎商业伙伴、同学和公司员工这三类。在商业合作中能跟他们接洽的女性几乎都已经超出了他们要求的年龄，也就是在他们的生活圈里难以遇到符合他们要求的女孩。用他这样的方法就很奏效，既不用浪费很多精力又有很高的可信度，而且成功率还会较高。

何鑫的富翁征婚，几千个中选一个，超过了千里挑一，可以说千挑万选，是名副其实的“海选”，当然容易挑到理想的意中人。无论是超女明星的海选，还是富翁征婚的海选，共同特点都是策划利用了传媒。因为只有通过传媒才能产生可供海选的数量，才能实现海选。中国古代皇帝选妃有点像海选，那是通过行政手段在全国海选。在没有传媒之前，特别是中国人，在这之前，个人婚姻是无法做到海选的。从这种意义上说，这是一个历史的突破，是历史的进步，是划时代的。中国人的婚姻长期以来大量是通过第三方，即中介方来牵线搭桥的。中介方过去是媒人，后来是婚姻介绍所之类的组织，现在变成媒体。何鑫为富翁征婚，用的还是媒体群。婚姻媒介的变化，体现了时代的进步。以媒体为媒，就比以人为媒进步多了。有些人批评这是“选妃”，其实你仔细一想，个人的爱人为什么不可以“海选”呢！何鑫说，有那么些人找他征婚，更有那么多人应征，从经济学的角度看，这就说明存在市场。

2004年年底，文雅帅气的亿万富翁祖怀明找到了何鑫。祖怀明32岁，父亲是个成功的企业家。祖怀明大学毕业那年，他父亲宣布退休，把企业一分为二，他和哥哥各得2 000万元资产。祖怀明迅速组建了自己的公司，在父亲生产纺织机械的基础上，又进军电子材料领域，经过9年打拼，现在他的企业资产已超4亿元。

祖怀明出身豪门，拥有贵族气质，生活非常讲究，做人却平和大方。不过，他一直没遇到让自己中意的女子。经过认真调查后，何鑫成了祖怀明企业的法律顾问，与他相处7个月，何鑫认可了他的人品，并证明了他的企业合法经营，运行良好。于是2005年9月初全面启动了征婚工作。

2005年9月12日，在北京、上海、黑龙江、陕西等20多个省市的30多家报纸上同时发布了何鑫为年轻亿万富翁征婚的广告，并连续刊登一周，总费用达300万元。

征婚广告语是这样的："沉鱼落雁，闭月羞花。天香国色，超群绝伦。眉清目秀，冰肌玉骨。璞玉浑金，出水芙蓉。绰约多姿，袅袅娉婷。玉洁冰清，忠贞不渝。千娇百媚，秀外慧中。傲寒斗艳，大方之家。18—23岁，1.63米以上，无性经历，学历不限。"

广告同时郑重承诺：1. 为应征者保守私密，否则承担法律责任；2. 婚前及婚后所得的一切财产归夫妻双方共同所有和支配；3. 在有缘牵手的女孩家乡所在地，投资成立以女孩名字命名的希望小学，并设立专项奖学基金；在结婚之时，将委托何鑫律师代为捐款100万元人民币给某公益事业……

这些感人的征婚广告，都是祖怀明与何鑫反复商量研究一个多月的结果。祖怀明希望未来的妻子与他共同承担起一个富豪之家的重担。要知道，承诺"婚前及婚后所得的一切财产归夫妻双方共同所有和支配"，就意味着结婚后，最起码现在企业的4亿元资产，有2亿元是他未来妻子的了。祖怀明是个非常成功的企业家，是个精明的商业奇才，他知道这样做的结果，但他真的愿意为心中的真爱担起这个天大的风险。

同时，祖怀明也是个热心的慈善家，他希望以新婚妻子的名义投资捐建希望小学并设立专项基金，还要在结婚之时捐百万元给公益事业。可见，他希望与爱妻能为社会做一生一世的善事。

广告发布一个月内，应征者已达1 800位。何鑫从应征者中认真选择挑选，与候选人见面。最后让祖怀明找到了如意的女孩。

何鑫在运作中还提出了自己的原则，那就是不为"陈世美富翁"征婚，不为浪荡公子征婚。在进行征婚之前他要对这个人进行半年多的交往和各方面的考察，确认人品不错，财富真实准确，才开始为他征婚。

经过几次帮富豪征婚，何鑫也逐渐形成了自己的策划流程。"我一般都是先与富豪签订'长年法律顾问协议'，以企业法律顾问的身份，对富豪作资产调查，核实资产情况，然后深入了解他的征婚要求，开始为其征婚做策划。"目前何鑫已经拥有了自己的策划团队，包括1个网络工程师、2个广告专家、1个文案高手和1个美工，广告上的文字和图案全部出自这个团队。（参见王也著《富翁百万元征婚的幕

后策划人》，《家庭》杂志2006年第12期）

现在大量的人是通过网上聊天来交朋友的，大量的网恋故事、网络爱情佳话、网恋受骗，都是利用了传媒渠道。所以交友网站应运而生，传媒就跟上了人们为个人生活去策划传媒的需要。

有一个女孩送给我一本书，书名叫《谁为我狂》，还有一个副标题“美国博士牵手中国美眉”。原来就是她写自己从网恋到婚姻的故事。她在大学校园上网，网上认识了美国一位博士，就开始了漫长的网恋，双方在第三国新加坡见面后，爱情进入成熟期。结婚后，她定居美国，成为一个美女作家。江苏文艺出版社出版了她的《谁为我狂》，一家报纸还做了连载。这个女孩和那位美国博士，都会利用传媒为自己的家庭生活栽种鲜花。

我们经常可以读到优美动人的网络爱情故事，同样，也经常看到一些网络爱情悲剧。不少人在网上上当受骗，或者一夜情之后不要你了，或者把你卖了，甚至还有被杀了的。受骗的原因，是他们的头脑太简单，以为网络上的东西都是真的，对网络虚假性的一面缺乏了解。

传统媒体也有一些虚假信息，但较少；网络媒体上的虚假信息就更多。

策划传媒不仅在婚姻爱情领域，也进入家庭生活。宁波市的一位中学美术教师上网聊天后，被一位男子的温柔战术俘获，陷入网恋。面对突如其来的“浪漫爱情”，她迷失了心智，像情窦初开的少女一样沉醉其中。看见妈妈每天梳妆打扮，整天不回家，女儿百思不解。一天，女儿偶然回家，撞见了母亲和一位男子在一起。女儿知道情况不妙，再这样下去，幸福的家早晚会散了。

为了挽救自己的家庭，女儿决定搞个策划，让妈妈看清网络“情人”的真面目。她在家里电脑的QQ上登录，高超的网络技术使她轻而易举破解了妈妈的密码，她压住怒火查看了妈妈和网友情意绵绵的聊天记录后，发现了名叫“纵横国际”的人是第三者。她注册了一个新的QQ“双鱼的眼泪”，然后频频向“纵横国际”发出邀请：“才华横溢的你，可否接受我这滴真诚的眼泪？”几个回合下来，“纵横国际”被她的执著打动了，终于将她加为好友。

女儿瞒着母亲与“纵横国际”畅快交谈，聪明的她尽拣好听的说，一通赞美如迷魂药让虚荣心极强的“纵横国际”头脑发热。两人的“感情”急速升温，通电话，交换照片。女儿特意选了自己一个漂亮女友的艺术照发了过去，靓丽的照片立刻征服了“纵横国际”，他火速发来“见面邀请”，此时距他们网上认识还不到10天。

看清了“纵横国际”的花心嘴脸，女儿更加坚决要把这场戏演到底，当着妈妈的面揭穿"纵横国际"，好让妈妈迷途知返。她费尽口舌，好不容易才说服自己的漂亮女友和"纵横国际"见面。

2005年11月22日，好朋友花枝招展地走进宁波市"天一广场"的哈根达斯店时，等候在此的"纵横国际"激动地站起来，冲她挥舞了手中那束美丽的百合花，然后两人坐在一起，点了甜品边吃边亲密地交谈。没多久，"纵横国际"就激动地抓住了那位漂亮姑娘的手，他并未察觉坐在不远处的母女俩。

女儿早就请母亲一起，坐在附近和母亲聊天，佯装镇定，而母亲却早就坐不住了，生硬地搅拌着面前的冷饮，脸部轻微抽搐，眼中充满了愤怒。不一会，脸色苍白的母亲声称头疼匆匆离去。

女儿随后赶回家里，听到妈妈的卧室里传出劈里啪啦的摔打声和哭声。女儿走进卧室一看，只见网线被扯得乱七八糟，妈妈举着电脑液晶显示器正欲往地板上摔去。女儿急忙将电脑夺了下来说："妈，你这是干什么？出什么事了？"母亲满脸泪水，跌坐在地上，又羞又愧地向女儿道出了事情的始末，最后她几乎哽咽着说："我真的没想到，他竟是个大骗子，我实在是太傻了！"

后悔和愧疚让母亲断断续续哭了一晚上。第二天，她怯怯地敲开女儿的房门，向女儿表示自己从此断绝和"纵横国际"的一切联系。母女俩相视一笑，拥抱在一起。一场家庭风波，就被女儿这个网络策划高手，略施小计，顺利平息了。

要在传媒上做事，一定要睁大眼睛辨别信息的真与假。这是运作传媒的基本功。一定要明白，网络平民化，利用网络就是人人都在干的事情。好人利用网络做好事，坏人也利用网络做坏事。小偷会利用网络行窃，骗子会利用网络行骗，杀人犯会利用网络杀人……网络社会，无奇不有。一些人为了自己不可告人的目的，在网络上下圈套，埋陷阱，设诱饵，等待着你去上钩。他们策划网络的水平很高，很狡猾。我们要在网络上策划别人，也要警惕在网络上被别人策划。可以说，网络是一个冒险家的乐园，也是傻瓜们的滑铁卢。

大多数的选美，都是企业为扩大知名度和影响力而搞的，但也有为了个人的某种目的的。比如有的通过选美来选情人；有的为了满足自己小情人的虚荣心，出钱搞一场选美，让评委跟着他的指挥棒转，给情人戴上冠亚军的荣誉桂冠。这种策划欺骗愚弄大众，有些卑劣。

三、求职、创业、升迁的策划

个人生活道路策划的一个重要内容就是求职、创业和升迁。

有一个女大学生开网上快餐店的例子。苏州女孩许雯从广州一所民办大学档案管理专业毕业后，次次求职碰壁。一天，许雯给在电脑公司工作的男友送午餐，当时饭盒一打开，色香味俱佳的菜肴和广州人爱喝的靓汤，立即引起男友同事们的纷纷赞扬。她由此突然悟到：办个送餐上门的快餐店，肯定会受到写字楼白领们的欢迎。但她既没资本，又没房子，想了很久，就开个网上快餐店，饭菜在自己家里做，饭堂就建在网上，就是利用网络传媒来卖饭，有买主订饭菜，她就送饭上门。男友为许雯制作了一个精美的网页。生意开始很少，慢慢地，网上订餐的人逐渐增多了。以至几个月后，订餐短信就挤满她的电子邮箱。近30家公司成了网上快餐店的长期订户。

客人多了之后，有的客人要更好的菜品，她们就向大餐馆定做。那些大餐馆看见她们有这个信息传媒渠道，又利用网上快餐店这个传媒卖场来做外卖的生意。女子网上快餐店反而后来居上，这就是利用了先进的传媒通道。后来，许雯干脆就办了餐饮网站。一些食品公司、宾馆酒店等企业纷纷找上门来做广告，每年仅网上广告费的收入就逾百万元。

当然，那些利用网络传媒的特点，办出游戏网站，像陈天桥的盛大；办出电子商务网站，像阿里巴巴。那就是更高水平的策划传媒了，是办出了大规模的网络企业。

还有的人利用网络做黄色网站，在聊天室搞裸聊，散布色情内容，这也是一种策划传媒，目的是为了赚钱，但违反了国家法律，是一种犯罪的策划。

《华西都市报》2006年2月21日报道，黑网站每月骗钱上百万。

记者通过调查，发现“中国彩票信息总部”的网站隐藏着一个大骗局，彩票信息诈骗网络背后的黑色链条开始显现。报道经各大网站转载后，广东、贵州、江苏、湖南等地的网友纷纷在网站贴出了自己被“中国彩票信息总部”网站诈骗的经历。与此同时，包括“福利彩票网”、“中华彩票网”等新一批涉嫌利用彩票诈骗的网站也成为彩民控诉的对象。浙江瑞安的一位彩民反映，2006年春节期间，他被“中国彩票信息总部”先后用押金、变号费、红包费等骗走了8 000多元的现金。有关方面反馈的信息，2006年春节以来打着彩票预测的幌子骗取彩民钱财的网站特别多。

记者两次登录“中国彩票信息总部”网站，发现该网站又更换了部分内容，同时公司地址也发生了变化。据其公布的工商注册号，记者从工商部门认真查询，该注册号码纯属子虚乌有。当记者拨通该网站服务热线时，接电话的男子告诉记者：“昨天有人跑到我们公司来捣乱，所以我们搬家了！”

公安网监部门有关专家指出，当前彩票网络诈骗之所以盛行，其根本原因是能通过彩民捞取巨额利润。专家分析，像“中国彩票信息总部”这样的网站，在全国范围内平均每天估计起码有10个人受骗，每月都能敛财100万元以上。利用兜售彩票号码骗人，每天网站都会将许许多多的号码发布给所有会员，总会有少部分号码中奖。这使少部分中奖会员更加信任网站而不惜投之以“巨额红包”购买大奖，结果就上当了。由于网络的诈骗手段非常狡猾，出现了人、电话、网站服务器所在地完全跨地域的分离情况，所以打击难度特别大。

好人在策划传媒，坏人也在策划传媒，而且坏人策划传媒的速度更快，方法更胜一筹。许多坏人在网络上作案后，一时还破不了，他的技术手段更高，等到新技术产生后才能破，总是滞后一步。

许多人在工作中想得到提拔、重用、晋升、提高工资报酬。最重要的是要让上级，让领导，让大家，让有关部门，了解你的成绩和贡献。那么，策划传媒也可以起到很好甚至很重要的作用。比如，策划在报纸上登出一篇个人写的有见地有分量的文章，可以让有关领导看出你的业务水平；报纸记者写一篇报道你的业绩和贡献的报道，可以让有关部门知道你的社会影响。传媒可以让社会，让公众，让领导了解你，扩大你的影响力，事情就好办了。20世纪70年代，有的人就是因为写了几篇报道，就调进了报社，或者调去领导机关当秘书，或者被企业看中搞文秘。这样的事现实生活中发生的不少。在传媒上以某种形式露面，就成了他一生的转折点。

当然，更高明的策划，是由记者作为第三者来讲你的成绩，那比自己讲更好，因为这代表社会对你的承认，有影响力。要让上面和下面都了解你。这就要策划，这就是推销自己，用媒体来推销自己。为了取得好的效果，推销时要注意媒体的选择。想在政治上发展，就要在党报上露脸；想在行业内发展，就用行业报；想在市场中蹬打，就要在市场化程度高的传媒上运作。

四、博客在个人生活道路策划中的作用

现在，最多的个人策划网络传媒现象，是建个人博客网站。全国建个人博客网站的已有几千万人。他们通过博客发表自己的日记、照片、感想、观点，以至所见所闻、新闻、评论、诗歌、散文、小说、漫画，抒发个人心中所想之事，与社会进行沟通和交流，扩大影响，提高知名度，结交朋友，寻找自己发展的方向和目标，拓展自己的事业。已经出现了一批小有影响的博客。2006年2月，徐静蕾的博客点击率已经超过1 000万。2007年7月，老徐博客点击率超过1亿。这种个人传媒方兴未艾，如何策划利用也在探寻发展之中。它无疑是个人策划传媒的一个阵地，今后可能大有用武之地。

目前，博客按内容可分为娱乐博客、个人博客和商业博客三种类别。谁也没有想到，居然又出现了乞讨博客。

2006年初，网上就公开出现了“乞讨博客”。“乞讨博客”明确地告诉你：别问为什么，请给我一元钱！而且，居然在短短一个月时间，就有100多元的人民币通过其在博客上公布的个人银行卡号、支付宝交易平台等流入“乞讨者”的腰包。当然，乞讨者用的是透明的方式：将所有施舍者的ID及施舍金额在其博客上公布，并承诺如有反悔者可索要回施舍钱财，但邮资自付。

这几家乞讨博客的文字很诚恳：“请您施舍一元钱，让我先富裕起来！”“我就是要乞讨。”“朱门酒肉臭，路有冻死骨，房价飙啊飙，我无避风屋，希望善良者、好奇者、怀疑者、鄙夷者……统统施舍我一点钱。”“秋去冬来，外面风大天冷，本博客纯为开辟一温暖行乞非行骗新市场，迫切欢迎捐献爱心。”并宣布了施舍方法及详细规定。“本博客接受的施舍分三类：少额型施舍：指0.50元钱；标准型施舍：指1.00元钱；大款型施舍：指10.00元钱，当然我非常愿意接受更大额施舍。请在大款型施舍中选择相应支付数量，并友情提醒施主量力而施。我的相关账户为××××××”。另温馨提示：广大小学生、中学生网民：非常感谢你们，但是希望你们不要施舍超过“标准施舍”的一元钱。多谢。你如果反悔了，我会尊重你的意愿将钱退回，方式如下：1. 上门自取，地址是××××××；2. 快递，请先付快递费20元；3. 施舍满100元免快递费，并赠送施舍券20元。

乞讨博客还开宗明义宣布：我不涉嫌行骗，很多网友质疑我乞讨的原因，其实，这有什么可质疑的呢？因为我根本没有说我为何要乞讨啊！我没说父母重病无钱医治，或煤矿爆炸丢了工作，或炒楼破产；我没说自己是身残志坚或出身贫寒考

上大学没有学费或老家发大水等等。以现在中国社会的信用体系，种种的理由都很难有足够的证明让人信任。所以，我没有理由，我就是想要钱而已；所以，按照逻辑，没有说理由，因此也就谈不上欺骗，谈不上利用你们的同情心。你有权不给我钱，我也有权乞讨，我的乞讨完全不涉嫌欺骗！

“我有说自己是一个露宿街头、三餐不饱的乞丐吗？即使我是一个乞丐，我就不可以上网了吗？”

建乞讨博客的乞讨者，对于如何利用传媒为自己的目的服务，比我们很多人都在行。他们在乞讨博客里说：“网络是平民工具，不是精英工具。两年前，捡破烂的腰里别着手机是新鲜事，现在不是了。在《中华人民共和国宪法》中，乞丐的所有人权都与你一样，包括上网这事。同在一片蓝天下，乞丐是职业的一种。”由此可见，这些人是精通策划传媒的。

在乞讨博客的网友留言簿上，可以看到乞丐与网友的对话。Carefreefox留言说：“其实我感觉你们根本就不是在乎这点钱，那么是否想过用这些善款来帮助那些真正需要帮助的人呢？”“乞丐”回复道：“十分地在乎钱啊。尤其是您攥在手心的那一块钱。”网友逍遥狐说：“应该呼吁一下停止向纯为个人富裕的网络乞丐施舍，或建议大家不要捐助。因为，现实生活中比他们需要帮助的人更多。”“乞丐”回复：“我也呼吁一下，致富面前，人人平等！”网友郭永生说：“如果你们真正能做到公开财务数据，帮助贫困地区或其他真正需要帮助的人的话，伸出友爱之手也是应该的。但是如果是自己有手有脚却不劳动，靠别人施舍过日子，你们就是社会的蛀虫。”“乞丐”回复：“公开财务数据？你以为我是希望工程啊！我什么时候说过我是帮别人募捐啊，我在博客页眉上就写着‘请让我先富起来’！”网友“淡淡的蛋”说：“我支持你！网上乞讨只是乞讨手段，而乞讨是人的基本权利。在我们的社会保障体系还不完善的今天，不加甄别地剥夺所有乞讨者的乞讨权，只能带给这个社会更多问题。”“乞丐”回复：“谢谢理解！”网友Xilihuala说：“你们是行为艺术吧？难道还真指望通过这个赚钱不成？谁会那么傻，无缘无故地给你钱啊？你是在实验现代人与人之间的信任吧？”“乞丐”回复：“如果你愿意为我的‘艺术‘表演付钱的话，我很高兴一不小心就成为一名前卫艺术家。”

当然，乞讨博客不是中国人的创造。2002年，美国人布瑞恩诺兰，自称是“善良、勤奋、热忱的26岁医务工作者”，因为欠下了4万美元债务开办乞讨网站，尔后平均每星期都能得到1 000多美元捐款。布瑞恩说，自己之所以能得到那么多捐款，是因为自己建立的网页很吸引人，而且定期刷新，可以给“读者”轻松、有趣的感觉。29岁的纽约女子卡伦博斯纳克是一名纽约的电视制片人。由于滥用信用卡，欠了银行2万美元。情急之下，建立了一个名叫“拯救卡伦”的网站，号召网民捐钱助她偿还债务。这一招很灵，她陆续收到了1.3万多美元，最后得以还清欠款。

有在传媒上物质求助的，也有精神求助的。据《北京晨报》报道，2006年2月17日，清华大学BBS上的一个名为“沉迷游戏，心里很绝望，我该何去何从”的帖子吸引了900多条回帖。发帖者为该校热门专业的硕士生小王。

从2004年起，小王陷入了网络游戏的魔沼。“现在我过上了‘吸毒’般的生活，沉迷网络游戏不能自拔。我每天都是上午10点睡，下午3点起，然后打游戏，晚上吃饭15分钟，又打到次日上午10点。有好几次打了20多个小时以后我对自己绝望透顶，甚至都动过自杀的念头……”

小王的求助帖发出后，不少网友都积极给他支招献计。“不要因为前1 000次戒游戏失败而失去第1001次成功的信心，”“加油！我们一起期待你成功的消息！”

小王仔细地阅读了每一条回帖，网友们的热情和关爱让他异常感动。除了900多条回帖之外，还有很多网友给他发邮件和消息，将自己因游戏而荒废学业的惨痛经历告诉小王。小王的精神完全振作起来，他将游戏账号交由一位师兄改了密码，游戏也从电脑中彻底删除，积极投入到5月托福考试的准备中去了。

还有一些人通过传媒向社会作技术上知识上的讨教。有一位张先生在装修新房期间，就把自己房屋的结构、用途等各方面的情况公布出来，还把自己的账单和装修进度发到博客上，请大家给他提建议和意见。根据网友的回复和指点，他及时调整装修方案，少花了不少冤枉钱。博客成了他为个人生活向社会寻求咨询的问讯处。

其实，不仅装修房屋，做什么事情都可以在网上征求大家的意见。刘备三顾茅庐是向诸葛亮一个人问计，网络博客可以向天下人问计。网络自然而然成了你的一个顾问万事通，一个不花钱或者不花多少钱就可以什么都咨询到位的高级参谋。

四川省社会科学院新闻研究所博士肖云，在一次和几个朋友的聚会中，听到电视台的朋友说，现在广电总局规定，电视台要播放一定比例的公益广告，他们正愁拿不出那么多的公益广告呢！肖云很快就想出了好多公益广告的设计，于是就和电视台签了承包公益广告的合同。肖云成立了一家专门设计公益广告的公司——成都东方神鹿文化传播有限公司。但没多久，他自己的公益广告设计创意也跟不上了。怎么办？他是研究传媒的，最后打上了传媒的主意——建了一个公益广告设计网站，发布各种公益广告的创意、需求、研讨文章等信息，全面覆盖公益广告的方方面面，开展公益广告设计大赛，凡是设计被选中的，一律给予奖励。别出心裁的公益广告设计网站十分活跃，很好的公益广告设计不断涌现。他的问题全部解决了。

肖云的公益广告设计网站，整合全社会的智慧为自己的企业服务。再聪明的人，智慧也是有限的。通过网络向全社会咨询讨教，是一条非常现实的道路。

博客是什么？人有技术档案、政治档案、业务档案、社会档案，等等，博客就是汇聚技术档案、政治档案、业务档案、社会档案等内容的全方位综合性档案，当然不包括个人不想让人知道的内容。但就这些内容，对于用人单位来说，也是需要的，用人单位总是要看人事档案的，博客就可以达到让别人对你有一定的了解的目的。

2002年，深圳女孩谭燕从深圳商贸学院毕业后，一个多月都没有找到工作。正苦恼中，她无意间在人才市场听到两个负责招聘的工作人员聊天，一个女孩摸着堆在桌子的一尺多高的求职简历说："每次都要收到这么一大堆千篇一律公式化的简历，看都看得头晕，还怎么去选人？"谭燕一想，就是呀！比如我歌唱得好，舞跳得好，又擅长节目主持，可这些东西在简历上却不能充分体现！如果把自己的简历制作成光盘，把自己的各方面特长都利用影视图像表现出来，不就解决了书面简历的不足？

兴奋的谭燕第二天就借来了一部摄像机，她端庄优雅地站在镜头前，分别用中、英文介绍了自己的个人经历，然后又唱了一首歌，跳了一段舞，弹了一曲钢琴，充分展示了自己的特长，接着又把自己在校期间所获的各类奖项在镜头前逐一亮相，最后又去学校把当初在校主持文艺节目和在企业实习时的录像资料借出来，将里面对自己有用的部分剪辑复制。谭燕把所拍的内容取名为"我的简历"，刻成光盘，复制了10份。

投出去的10份简历很快有了反馈信息，10 家单位都通知她前去面试。谭燕选了4家面试，结果4家公司全部通知她去上班。最后谭燕去了一家港资企业担任总经理助理一职。

后来，谭燕觉得人才市场需要视频简历，于是跳槽出来专做制作视频简历的生意。一天，一个求职者到谭燕那里玩，谭燕就问他的工作找得怎么样了，那位求职者叹口气回答："我已经找了几十家单位，几乎每家单位在面试时问的问题都不同，我先前又没有什么心理准备，所以回答得不是很好。"

谭燕向人力资源管理部门进行咨询，拟出了20个用人单位面试时可能问到的问题，把这些问题提前交给顾客事先考虑好，拍摄时在自我介绍中把这些内容穿插讲述，求职者在面试中回答问题的范围就大大缩小，因此也进一步提高了求职的成功率。谭燕“视频简历”的知名度在求职市场中大增。不久后，谭燕又推出了面向在校学生的“视频简历”提前订制业务。这项业务跟进时间长，收费虽然贵些，但市场反应相当好。

业务迅速拓展，她又瞄准全国市场。很快，谭燕制作“视频简历”的业务遍及广州、珠海、汕头和东莞等城市，又在成都、海口、厦门和上海等多个城市设立分支机构。

其实，“视频简历”就是让人家了解你的一个媒介。如果说“视频简历”都能把你推销出去的话，应该说，个人博客网页就是一个比“视频简历”更好的推销自己的媒介。它可以更完整更详细地，一天接一天地记述你自己的经历和故事，展示你的特长和各种技艺。大规模的推销自己的策划传媒现象，就是个人博客网站的兴起。博客就是个人从事社交的工具，一张介绍自己的名片。

个人博客网页对个人生活道路的作用，在何鑫为富家子弟张皓的征婚的故事中，就有一个例子。一个北京女孩正读大二，她的妈妈关注富豪征婚已有3年。看到张皓的条件，感到时机成熟，因此给何鑫打了一个电话，表示自己对于此事志在必得，要求他们马上到北京来见她的女儿。何鑫立刻就拒绝了——第一次见到如此自信的要求，照片不发，名字不说，谁会去见？

“那好，”带着终有一天可以PK获胜的信心，这位母亲说，“等你们有了最中意的人选之后，我再联络你们。”

等到12月初，何鑫的征婚工作进入了最后阶段，圈定的10多个入围女孩的名单已经拟定，这位母亲又再次露面了，电话中依然言语寥寥，提供的最重要的信息，就是女儿的官方网站的地址。这个北京女孩的个人博客网页，把何鑫和张皓都征服了。很快，张皓与北京女孩见了面，一见面就OK。于是，长达半年多的征婚工作宣告结束，10多个入围女孩名单全都报废了。那位母亲胜利了。北京女孩的个人博客网页，在决定个人人生大事的关键时刻，起到了重要的媒介作用。

这个故事挺有意思，张皓征婚是策划传媒，北京女孩应征也是策划传媒。策划传媒进入到人们婚姻生活的各个环节。

博客因木子美性爱日记而名气大增。目前在中国，对博客的认识还仅限于“网络日记”，但在国外，博客已经成长为对传统媒体构成威胁的“自我媒体”、个人媒体。

博客的用处很广，哥们儿可以把它作为结交朋友的舞台；推销员可以把它作为自己与客户交流的平台；明星可以把它作为自己与粉丝联系的桥梁和纽带，随时公布自己各方面的情况让追星族了解；新人可以通过博客组织自己的粉丝队伍，提高人气；爱发表意见的，可以通过在博客发表重要意见而成为意见领袖；有弄不清楚的问题，可以通过博客向社会请教；遇到不顺心的事，可以通过博客倾述和排除烦恼；……

不断发生的一个又一个的事实，向我们宣告了一条新的发展道路：鼠标改变人生！

博客改变个人生活道路的事屡屡发生。有的因为建博客赚了钱，成为博客盈利者。洪波就是其中之一。洪波是一个IT评论家，他是国内第一个获得企业直接投放广告的个人博客。他的博客访问量在IT博客里面的访问量比较大，吸引的人群也比较固定。2005年年底的时候，和讯网就找上门去，要在他的博客上投放广告。这是他建他的博客之前从来没有想到的。洪波的博客平均每天有一万人访问，创办两年来累计访问量已经超过200万。

2006年2月，徐静蕾的博客点击率破千万后，各大网站博客申请量在一夜之间又有了极大的飙升。广告商们就在这庞大的访问量背后看到了无限的商机，于是引爆名人博客与网站之间的利益纠纷。网站博客业务总负责人陈彤的意见是："博客上的广告应该属于网站。因为网站为了提供博客服务，付出了大量人力、财力。"而徐静蕾的意见是，在她的博客上上广告应该和她的公司她的经纪人谈。面对点击率的上升带来的新问题，陈彤态度坚决，表示不会允许单个的博客直接拉广告。徐静蕾则表示，对此会同网站进行交涉。

当博客的商业利益出现的时候，不少名人发现当初他们和网站的这种简单约定，显得太过草率了。其实，博客的商业利益早就有人做了预言。利益咋分？网站与徐静蕾有分歧。《三联生活周刊》主笔王小峰说，网站和名人博客双方虽然开始没有商业行为，但实际上彼此都存在着潜在的商业动机，网站想通过名人效应来提高它的点击率以及资源整合，而名人则是为了扩大自己的影响和宣传效应。比如歌手就可以在博客上为唱片做广告。网站和名人对博客都进行了各自的付出。而名人的粉丝点击偶像的博客并不是冲着网站而去的，因此就涉及双方的利益分成。这种利益上的矛盾问题尤其在名人博客点击数一路上升的背景下日益明显。广告商冲着徐静蕾几千万的点击率要登广告是很正常也是很必然的事。我觉得当务之急是网站和徐静蕾解决各自利益分成的问题。

博客广告利益分配的问题还未解决，徐静蕾的博客文集《老徐的博客》一书，在经历了众多出版社的争夺后，已由中信出版社出版。据估计，徐静蕾这次通过博客出书可以赚到25万元左右的"意外之财"。

随着博客的发展细化，博客已形成了不同的博客群。这种具有相同特征、相同兴趣和背景的群体，吸引着相应的点击阅读人群，也就是形成了受众市场。这种特性促使互联网公司开始考虑开发博客广告业务。目前，国内第一个向博客直接投放广告的和讯网就正在筹划一个博客广告联盟。

尽管一些专家认为博客还没有成型的赢利模式，还处于投钱时期，但已经有人开始尝试用博客赚钱了。刘韧就是这样一个充分认识到博客经济价值的人，他创办的斗牛士网拥有50万注册用户，在国内博客网站的访问量中排前三名，他赚钱的方式就是把自己的博客网卖个好价钱。

2005年第12期《传媒》杂志刊登了记者查国伟的《2005，中国互联网枝头春意闹》一文。他在报道中说，个人网站虽然力量分散，但是整体实力还是难以小觑的，2005年4月在厦门召开的中国首届“个人网站站主”大会，更向世人展示了目前中国个人网站的整体实力。在两个个人网站（hao123、华军）被收购、一个个人网站（256.com）得到IDG大额投资之后，2005年个人网站更在大江南北遍地开花，生机盎然。据网络经济研究公司上海艾瑞公司总经理杨伟庆先生称：大规模国内网络媒体调研结果显示，2004年中国个人网站年收入超过100万的有50多家，收入在10万—100万之间的有300家上下，总计年收入约为3.3亿元人民币。

《华西都市报 》2006年8月30日报道，29日下午，国内某知名博客服务网人士透露，TCL集团、亚马逊卓越等多家企业从上周开始向其投放3 000万元广告，其中近九成费用将流向众多的博客写手。这堪称中国博客商业史上最大规模的广告投放。“不到一周，在我们1 200万注册用户中就有6万名博客申请到广告投放位，其中有不少都是四川的。”

环球娱乐网2006年3月1日发表了《个人博客四大“必杀技”炼成金饭碗》一文。文中说，和讯网总编刘峻介绍，3月中旬要成立一个博客广告联盟，以代理个人博客广告批发销售。博客不分网站，和讯以外任何博客都可以报名参加。第一批先试投放1 000个，选流量大的，月点击率上万是入选的门槛。之所以要发展博客广告联盟是因为：一、博客发展迅猛，个人的发展不亚于一个IT媒体；二、个人博客是一种全新的载体，有一些传统媒体没有的广告特性；三、单个的博客很难销售广告，我们的联盟解决了这个问题；四、写博客很辛苦，获取一定的经济回报是应该的。

随着网上几千万博客的出现，网络进入一个个人传媒风起云涌的时代，这就是个人传媒时代。人们肯定会进一步研究，哪一类的博客能赚钱，哪一类的博客不能赚钱。但是，即使不赚钱的博客，对个人依然是很有作用的。长期以来，新闻系学生的一门重要课程是“报纸编辑学”，今后则要加一门课程“博客编辑学”。新闻策划水平高的人可以成立一个博客制作公司，为想办博客但不会办或没有时间办的人代办博客，为办了博客又没办好的人重新策划和代办博客。把市场化报纸的全套策划操作办法引进博客生产，博客的点击率肯定会有一个大的提高。

通过博客出名而改变了人生轨迹的，有一位叫杨雪帆的女孩。杨雪帆参加搜狐举办的网上歌手大赛，她通过博客与歌迷交流，在网上建立了自己的粉丝团，为她拉到40多万张网上投票。杨雪帆每天在博客里写参加比赛的一些花絮，比赛的心情。没想到在短短两个月之内就聚集了近16万的人气，也为当时在北京赛区的比赛拉到了几十万的票数。她取得了北京赛区的冠军。她的网上歌迷们都叫她“番茄公主”，获奖后她的家乡四川省内江市政府还授予她内江市旅游形象大使的称号。

有人写了一篇文章，论述流行在校园的教师博客有十大作用。一、教师博客提供教师积累教学材料，分享教学心得的空间，创造了学生与老师沟通的渠道。二、提供教师之间分享实验与研究材料的空间，创造了学术讨论的平台。三、教师通过这个通道向社会发布研究成果，帮助企业找到合适的校园顾问，使科研成果成功转换为生产力。四、求学博客促进每个学生积极地去积累学习知识，也创造了一个学生与学生，学生与老师交流的平台。五、学生会精心经营自己的博客，使学习的积累充满了乐趣，加强了求学的积极性，减少了学生花在不利于学习上的时间。六、学生博客内容的积累自然形成一个最佳的求职简历，会更加吸引用人单位。七、求学博客留住了校友，让他们在校园博客上延续他们的博客，成为高级校友录。无论他在世界各地，网络都可以帮助校友常回来看看这个家。八、博客不单单有效地辅助了教学，而且有声有色地展示了一个学校的教学活动，更能够作为学校的教学资源为学校创造财富。九、博客提供了一个高效的沟通平台，老师之间、师生之间、老师与家长的沟通积极地在教师博客上展开。十、博客在教育领域的运用让博客有利于社会，其广泛应用将积极促进社会的发展。广泛应用会对整个社会和整个国家都起到积极的影响，因此必将成为一项伟大的教育工程。

明星博客最初开通的时候，由于他们身份的特殊性和日常工作生活的神秘性，不少人对于“明星也能写作？”“明星也会在网络上大爆私料？”而大感稀奇，之后人们果然领略到徐静蕾才华横溢的小品式评论、高晓松轻松调侃的“每日记”，明星博客的点击率随之惊人地上升。而随着“博客之风”越吹越劲，不少明星看准了这种方式已经成为宣传个人、增加人气的最时髦方式，于是纷纷开起明星博客来。明星博客一出，各路明星为增加人气和点击率，采用各种各样的方法，撰文、贴图、自爆恋情或另类评述他人，来吸引大众的窥私欲和媒体话题。

继博客之后，又出现了播客。播客就在博客的基础上按时间顺序进行播音。它的长处是可以在开车或者运行中收听。这又出现了一个可以策划为个人服务的传媒产品形式。

五、维护自己权益、为个人命运抗争的策划

策划传媒为自己的生活工作服务，还有一个重要的内容，那就是为自己遭遇到的不公平的事情进行抗争。传统媒体，要伸冤必须找传媒单位。传媒单位不出面就不好办。现在的网络传媒就不用了，自己就在博客上，或者其他地方，把自己的不公正的遭遇写出来，或揭露遭受的打击，或揭露假冒伪劣产品，或打抱不平。伸张正义，舆论监督，维护自己的权益，为自己的命运抗争。

2001年3月24日，一位旅客在重庆火车站购买车票时，遭遇不公。这位旅客以"城山村人"的名字在人民网强国论坛贴出《铁路，你究竟怎么了？》，反映自己在重庆火车站购买车票时的遭遇。他在帖子中写道："我强忍气愤，回到家的第一件事便是，原原本本把那天的前前后后记录下来，贴到网上，准备贴到铁道部傅志寰部长看到为止。我真希望铁道部门不要给朱总理为首的政府丢脸！谁治不了路风就让谁下课！"

这位旅客很懂得运用传媒工具来为自己服务。这一帖子很快被铁道部领导看到，及时进行了调查处理。4月11日，重庆车站致信强国论坛，称网友的帖子铁路各级部门已看到，对"城山村人"在重庆火车站所遇到的不愉快，我站表示深深的歉意。4月12日，强国论坛刊出短评："网友的一个帖子引起某部门乃至部长的重视，这在强国论坛还是第一次，这再次证明网上论坛反映民情民意、实施舆论监督的功能。我们愿意以此为良好的开端，与广大网友一起共同搞好网上舆论监督工作!"

"城山村人"用传媒维护自己权益取得了很好的效果。4月22日，重庆站纪委陈书记、重庆分局路风办王主任千里迢迢专程前往福建，登门向"城山村人"道歉。

广西南丹"7·17"特大矿难、广东孙志刚事件，都是利用网络传媒进行舆论监督，最后完全改变了整个事情的处理结果的典型案例。

2001年在广西南丹"7·17"特大矿难事故发生后，煤矿领导人和上级领导采用种种办法封锁消息，压制群众。可是，在当今发达的互联网时代，任何封锁都是徒劳的。知情人最早就在网上做了揭露报道，报道说，南丹拉甲坡矿和龙山矿发生重

大透水事故，有多名矿工死难!

这是7月下旬即27日前后的事情。此时，后来被证实确属“惊天大案”的这个特大事故已被掩盖了整整10天之久！而按照国家规定，凡特大安全事故必须在24小时内上报国务院。

最早获知信息的不是权力机关而是新闻媒体。在网上传播的前两天，南宁多家新闻单位就接到了同一内容的电话举报。很快，富有责任感、正义感而又具有职业敏感的新闻记者（包括中央驻桂和南宁一些地方传媒的记者）以最快的速度赶赴远在南宁480公里外的南丹展开实地查证。一场惊天大案的黑幕就终于被完全揭开了。

网络方便快捷，大大降低了普通百姓表达和传播个人意见的门槛。网络使普通百姓真正拥有了自己的话语权，从而真正实现了公民的舆论监督权。公民随时可以用网络传媒来维护自己的合法权益。电影《无极》用策划传媒把大量观众吸引进电影院，观众看了之后感到受骗，几百万的点击率支持《一个馒头引起的血案》对《无极》的批评。

消费者个人通过博客，对所购的商品提出意见，也是维护自己合法权益的一种方式。2005年6月开始，美国一名用户在博客上对于戴尔电脑的售后服务不断地发布不满的评价，就使戴尔公司感到了市场的挑战。

这个用户在自己的个人博客里详细地撰写了自己为了向戴尔公司要求修理价值1 600美元电脑的经过。他发了无数封电子邮件，很多封都杳无音讯，数次打给戴尔公司客户服务热线的电话，得不到解决。他在博客里写道，他向戴尔公司购买了服务（包括上门维修），但当他的电脑因为过热而出故障时，戴尔公司的客户服务却叫他将电脑送回维修站。即便如此，他从戴尔公司维修站抱回的电脑仍然无法正常运行。就这样，他开始了对戴尔公司的一系列攻击言论。8月17日，他在写给戴尔公司首席执行官的公开信中说：“虽然戴尔公司的优惠价格是我购买戴尔电脑的很大原因，但我现在才发现原来你们低价的背后却是这样令人恶心的售后服务。”令人气愤的是，当他给戴尔公司首席市场官发去电子邮件后，戴尔公司给他的回应只是一个戴尔公司女雇员答应退款的电话。他还写道：“具有讽刺意味的是，这名女雇员居然劝我去商店买苹果的笔记本电脑。而我现在已经将她的话付诸了实践。”

这位用户在博客里写的故事，一下成为网站的热门话题。他说：“令我吃惊的是，我从其他消费者那里得到了如此多的支持。而在戴尔公司做出合理解释前，这样的做法将继续下去。”8月22日，这位用户终于得到了退款。一天后他又在自己的博客上写道：“虽然戴尔公司注意到了我这个不满意的博客族，但戴尔公司的这种新政策只能说明该公司已经有所觉悟。”

这位用户的遭遇，引起许多条的回复及在其他博客上的激烈讨论，自己的博客日浏览量也惊人地翻了一番，达到了1万日点击率。传播范围波及整个互联网，成为网络的热门话题，全球消费者都参与口诛笔伐。戴尔公司的消费者满意度大幅下滑，最终带来了电脑制造巨人的销售大滑坡和财务大滑坡。

戴尔公司对博客传播威力的忽视，被列为该年度商业公司最大的公关失误之一。

正是因为这起事件，很多消费者都通过博客这个传媒渠道来行使和维护消费者的权益；也正是因为这起事件，许多商家和厂家现在都认识到博客信息所具有的永久存在，在世界范围内可任意到达，以及随时可能遭到传统媒体的放大报道，公众的正面意见和负面看法都将得到最迅速和最大范围的散布。这一切造就了博客的巨大意见影响力，使得博客成为经营市场的商家不可忽视的公关阵地。

六、美国唐纳德个人真人秀《飞黄腾达》的策划

美国个人策划传媒的例子，最典型的莫过于纽约地产大亨唐纳德·特朗普。唐纳德·特朗普1946年出生在一个地产开发商的家庭。大学毕业后子承父业。他看出纽约市的经济潜力，于是带着两亿美元到纽约曼哈顿闯天下，把赌注押在摩天大楼的建造和交易中，很快赚取了高额利润。在20世纪80年代，他就登上《福布斯》美国富豪榜第26位，可到90年代初，一夜之间又变得负债累累。可是10年间他又咸鱼翻身，东山再起，在2005年以27亿美元进入富豪榜百强。现在他的资产数倍于80年代，被吉尼斯收录为“世界东山再起之最”；他把自己的名字用霓虹灯镶在纽约第五大道多座豪华大厦和大西洋赌城的物业上。在纽约，以他名字命名的建筑比洛克菲勒还要多。据说冠有他大名的公寓和大厦，租金也会立即上涨15%—50%；在纽约，印有“特朗普”品牌的多层公寓大楼，目前的售价比周围其他楼盘要高出39%；在芝加哥，特朗普打算修建的“特朗普国际旅店大楼”还未正式动工，其众多的单元就以50万美元到1 500万美元不等的价格被订购一空了。

作为美国最受争议的亿万富翁，唐纳德·特朗普有着自己的一套生意经。他把自己的人生经历和商场经验写成系列书，马上就“转型”成为一名畅销书作家。第一本自传《做生意的艺术》成为生意人的“圣经”，卖出300多万本，被《纽约时报》评为最畅销的图书，在排行榜上维持32星期的冠军地位。第二、三本书《结

局，巅峰生存》和《回归的艺术》，也是《纽约时报》评出的最佳图书和最畅销图书的第一名。在主持真人秀电视节目《飞黄腾达》后，他推出新书《特朗普：如何致富》，出版社为此提前预支了500万美金。而他干脆顺水推舟，把书中第一章的标题定为“写一本定金达500万美元的书”。该书一上市就在北美书市排行榜上名列前茅。

唐纳德·特朗普习惯和美女、超模结婚。第一位妻子是捷克体操运动员、模特儿伊凡娜。13年后以2 500万美元的“分手费”分手。第二位妻子是女演员玛拉·梅普尔斯。第三位妻子是斯洛文尼亚籍模特儿梅兰妮·克劳斯。大量美国媒体在宣布这一喜讯的同时幽默地表示，让大家一起期待他第三度离婚的到来。

他喜欢跟摇滚明星似的，每次亮相都美女环绕。他喜欢做跟美女相关的事情，环球小姐大赛也正是他和NBC一起支持的活动。他一举买下“环球小姐”、“美国小姐”和“美国妙龄小姐”选拔委员会的支援机构与主办权，成为这些选美活动的后台老板。

1988年和2000年，他还两度公开角逐美国总统宝座，虽然后来退出，但那一个潇洒的挥手仍然给人们留下了深刻的印象。他的退选解释也很有“个性”。因为有洁癖的他发现公职候选人必须与太多陌生人握手，他说：“这简直太可怕了。研究表明，如果你和别人握手，就有可能感冒。”

特朗普敢说敢做、敢做敢当的言谈与行事风格，加上为人乐道、颇具趣味的私生活，使他成为美国《商业周刊》的封面人物，他亦曾出现在全美最畅销的八卦杂志《国家询问报》的头条新闻。在美国，100个人中有98个人知道他的故事，这个比例远远高于杰克·韦尔奇、沃伦·巴菲特，甚至比尔·盖茨。

2003年，在真人秀盛行起来之后，美国哥伦比亚广播公司（CBS）的热门节目《生还者》（*Survivor*），吸引了美国人的眼球。美国广播公司（NBC）千方百计应对，一筹莫展。

这时，《生存者》的策划人马克给了特朗普一个建议：做一个以特朗普自己为中心的真人秀节目。个性张扬的特朗普一听，正中下怀，一拍即合，说干就干，连夜策划，取名《飞黄腾达》（另译名《学徒》）。美国广播公司于是以《飞黄腾达》对抗哥伦比亚广播公司的《生还者》，取得了出乎意料的成功，特朗普这颗电视新星便闪亮登场，红遍美国。

《飞黄腾达》由特朗普策划、投资创办并担任主持人。这是一档电视真人秀节目，场景是在大家熟悉的办公室中。由特朗普从众多的报名者中挑选16人，分成8男8女两组。参与者轮流担任每组负责人，进行推销洗发水或出租二手房之类的工作，最后胜出者可以在特朗普旗下任何一家公司担任见习总裁，年薪25万美元。结果全美20多万人报名应征。

节目开播那天，特朗普一如往常地行事张扬，为显示自己“王者归来”的风范，他在《纽约时报》、《华盛顿邮报》以及《华尔街日报》等主流媒体刊登了多个整版广告。《飞黄腾达》节目一播出即创下了全美真人秀类节目收视率最高纪录——每期平均2 700万观众，最高峰时达到4 100万观众。就连“全球第一CEO”、通用电气前首席执行官杰克·韦尔奇也对它赞不绝口。

每集参赛者从事的工作五花八门，比如推销瓶装水，用三轮车载客，经营餐厅，卖画，推销慈善活动，装修公寓并出租，等等，盈利高的队伍赢，盈利低的当然就是输。在商业发达的美国，这种揭商业运作内幕的节目，再以比赛的方式，而且用本来在公众中知名度就高的大亨特朗普来主持，很快一炮而红。一时间，公司白领们集集不漏，很多商学院的企管系也都把电视中的案例留成作业题要学生写报告。报名参加第二季的人数超过了80万。

特朗普不仅在节目中对自己所拥有的产业大肆进行宣传，他还找到众多世界500强公司，合作给出节目中相关的挑战任务，不断加入新的看点，也从500强手里轻易赚取了宣传收入。一时间，全美各个城市竞相角逐成为《飞黄腾达》的举办地。

“你被解雇了！（You are fired！）”特朗普在《飞黄腾达》中对淘汰者说的这句话，一下成为风靡全美的电视热门语。

当社会上人们对企业信任度大打折扣的时候，这样一台节目的风行，当然会让评论家有话说。该剧风靡之时，电视上另一经常出现的新闻是很多公司总裁因涉及各种欺骗行为在受审，比如家政女王玛莎·斯图瓦特就因为买卖股票的问题刚被定罪，也因此不得不辞去自己创办的公司的总裁职务。“你被解雇了！”正发生在好多这样的大头目身上，也许几年前因华尔街泡沫危机深受其害的公众颇有些幸灾乐祸，这句台词可是说到点子上了！甚至有评论说，正值总统大选，布什都应该注意这个现象，因为美国人有被解雇的经验，但是在选举中则有解雇各级政府领导人的决定权，所以，“你被解雇了！”之所以流行，就是因为不光是小人物可能遭遇到，而且人人都可能遭遇到，总统也不例外。

《飞黄腾达》中最早被解雇的参赛者就是一个开互联网公司的，而最受欢迎的参赛者之一却是来自爱达荷州一个大学都没念过的房地产代理人，这些都是让人觉得有趣的巧合。抛弃假大空，回到实实在在，似乎是《飞黄腾达》传达的一个信息。

美国人喜欢给落后者加油，也喜欢给摔倒后能爬起来的人加油。特朗普就是这样一位曾经不可一世，面临破产，现在又卷土重来的人物。本来他在媒体上的形象不怎么样，他做房地产的张扬，跟老婆的离婚官司的好戏，都是小报冷嘲热讽的题材。可是，他现在不但在商业上卷土重来，而且在《飞黄腾达》中还重塑了他的形象，出现在节目中的他竟然让人觉得不那么讨厌，这可谓是特朗普的又一胜利。这个节目成为他的又一商业成功，因为他可不光是出演一个角色，而是对该节目有投资及发言权的。

因为首季的成功，《飞黄腾达》已经成了NBC电视台的最新杀手锏，2004年第二季的准备工作刚开始，申请当学徒的报名者成千上万，招募点队伍望不见尽头。Bloomingdale百货商店推出写着“你被解雇了”的T 恤衫，一个钟头就卖出了300件!

《飞黄腾达》的确在一定程度上真实反映了美国的办公室政治，因为没人想被解雇，人人要向上爬，充满了明争暗斗，再加上些男女同事的异性吸引力，性格不协调的人的格格不入以至口角，所有人都烦的某个同事，总之充满戏剧性，而这些在节目中都出现了，所以上班族们看得乐此不疲。如果想了解美国人的商业心理与游戏规则，怎么与之在商业上打交道等等，这节目绝对是部好教材。

特朗普声称，如今他平均每天会接到50个预约采访的电话。

特朗普喜欢招摇过市，被认为是全美国最讨人厌的商人。但凭借着精心打造的《飞黄腾达》，他却以全新的姿态重新走进了公众视野。纵观特朗普作为主持人在《飞黄腾达》中的整体表现，可以看出他不仅是一位成功的商人，更是一名天才的演员。喜欢做戏又热衷于表现自己的特朗普在节目中找到了最佳感觉，每次出现在庄重的裁判室里，他在左膀右臂乔治和卡罗琳的陪同下，态度严肃地分析选手的表现，然后用他的招牌手式对最倒霉的那位选手说出，“You’re fired!”，那股子酷劲竟然让无数人为之倾倒。

《飞黄腾达》不但提升了他和特朗普集团的形象和知名度，使他的事业重新进入高潮，并且直接给他带来了丰厚的利润回报，可谓一举两得。

正在《飞黄腾达》火爆的时候，2005年1月22日，唐纳德和第三位妻子梅兰妮结婚了。婚礼在位于佛罗里达棕榈滩的私人会所举行，即使在号称富人度假集中营的棕榈滩，特朗普名下这间名为“玛赫拉戈”的私人会所，也绝对是No.1。这幢混合了西班牙与摩洛哥建筑情调的宫殿建于1927年，在大西洋海岸和渥斯湖之间占地7公顷的广阔土地上，共有128间卧室、14间林中别墅、3公里长的私人海滩、两个巨大游泳池，还有顶级红土网球场、获奖高尔夫球场、一望无际的如茵草坪。

这场婚礼在美国被媒体渲染得很厉害，特朗普不但不怕炒作，还策划要把整个婚礼过程通过电视台直播。《飞黄腾达》的合作方NBC电视台获得婚礼的电视直播权，广告卖到2500万美元，但梅兰妮坚持婚礼应保留一点私人空间，严加拒绝。

不能通过婚礼生财，特朗普一样有别的方法"省财"——顶级珠宝名店Graff里一枚价值150万美元、重12克拉的钻石戒指，他以一半的低价就购得，但条件是把这枚戒指公开，为Graff做广告，此外婚宴当天的酒席和园艺布置，特朗普也以同样的"特朗普方式"没花多少钱就得到最顶级的服务。

作为一个行事张扬的亿万富翁，除了豪华私人游艇和私人飞机，特朗普名下还拥有数不清的豪宅、别墅、私人度假村……其中他最经常居住的，是位于纽约曼哈顿区最繁华的第五大道和第五十七大街拐角处的特朗普大厦最高三层的2600平方米豪华公寓。特朗普非常珍爱这套豪华公寓，尽管他对这套公寓过于奢华的装修风格，为他博来"一个浅薄庸俗的暴发户"的骂名，也被人指责为"艺术品味极差"，但是他仍然乐于在这里会客，接受媒体采访。

在《飞黄腾达》的压轴大戏中，特朗普给参赛队员设计的挑战题目，就是在一个白天之内将自己这套公寓的豪华大厅租出去一晚。在那场扣人心弦的真人秀中，观众自然关心挑战者的命运，而特朗普的这套公寓也跟着在全美数千万家庭的电视屏幕上秀足了24小时，最终有人愿出40800美元租用它一晚。

他那豪华的公司总部大厦与"老旧破败"的联合国总部大厦相毗邻，他曾提出5亿美元的联合国总部翻修计划，但是安南秘书长没有答应。

特朗普用策划传媒的方法，将个人形象的营销发挥到极致。美国的富翁不少，但像特朗普这般大出风头成为电视明星的富翁却是绝无仅有。《飞黄腾达》的主题图案就是特朗普的剪影，随着《飞黄腾达》的火爆和风靡，这个图案已经深入人心。他的自我推销使他成功创建了全国知名的房地产豪华品牌。他的最大资源就是他的名字，所以他想尽一切办法宣传自己，营销他的名字。在纽约市，"特朗普"这个名字就代表着最豪华的地段。

《飞黄腾达》每集的制作成本不到200万美元，收视高峰时吸引了4000万观众，它播出的广告每30秒平均20多万美元，以每期节目30个广告时段计，首播的毛收入就达到600万美元。同时他还在《飞黄腾达》中为自己大推免费广告，推销"特朗普"牌桶装水，在特朗普旗下的高级酒店组织高尔夫球赛，并且顺势推出了"特朗普信用卡"。他把主持《飞黄腾达》"领悟"的致富心得写成《如何致富》（*How to Get Rich*）、《特朗普：像亿万富豪般思考》（*Trump: Think Like a Billionaire*）两本书，马上成为畅销书。而《飞黄腾达》第一季的成功，吸引了包括宝洁（P&G）、百事、Levi's在内的大型公司的加入，为《飞黄腾达》第二季提供比赛场地，其赞助费用当然更为可观。时刻不忘炒作的特朗普永远追踪热门话题，因涉及股市不法交易而入狱服刑的家政女王玛莎·斯图瓦特刚刚出狱，就被特朗普邀请参与新一季《飞黄腾达》的演出，这又是他的品牌行销策略。

在美国的电视历史和商界历史上，还从未发生过这样的事——一个生意人竟然在电视上获得了最高的收视率。

在《飞黄腾达》成功之后，美国有些大企业即成立一个专门机构，研究直接上电视做节目的可行性。实际上，另一位以特立独行、善于吸引眼球而著称的亿万富翁理查德·布兰森也仿照《飞黄腾达》制作了属于他的真人秀节目——《叛逆的亿万富翁》。生意人都开始不遗余力地发掘自己的表演潜力，各大商业巨头争先恐后抢滩电视和各种传媒。

唐纳德·特朗普策划、投资、主持的电视真人秀节目《飞黄腾达》，可以说是集商业策划、企业策划、文化策划、个人生活道路策划等众多策划于一体；它包含的思想内容，体现了当今美国社会的政治、经济、社会等各方面的热点看点；它策划的技巧和艺术，又融进各种各样最新的文化时尚元素；它对受众的接近性，使每个观众都能感受到自己参与的方方面面的社会生活的影子。所以，它吸引了千千万万的美国人。它是个人对电视传媒的策划典型，也是电视传媒节目的策划典型。

《飞黄腾达》告诉我们，策划传媒的天地很宽，舞台很大。它使用的很多策划方法，我们还没有用过。

特朗普是一个天才加全才，集商人、作家、演员、导演、主持人、演说家、企业家于一身，个个角色都很成功。《飞黄腾达》也就是为这种全才而量身定做的。这种节目策划模仿的难度很大，但是，借用其中的某一个思路来策划，还是可以大有作为的。

在中国，个人围绕自己生活道路策划传媒才仅仅开始。但这个发展的趋势已经愈来愈明确。现在完全是处于“山雨欲来风满楼”的前夜。随着网络传媒的进一步普及，网民增加到三四亿，个人博客几千万上亿，个人传媒时代完全到来的时候，个人策划传媒就完全是家常便饭了。

第七章
传媒是如何策划传媒的

一、策划传媒对媒体的作用

超级女声的策划者和主办方之一的天娱公司，是在上海注册的娱乐经纪公司，打开上海市场应该是天娱公司的愿望和利益的契合点。为什么超级女声又没有打进上海呢？ 2005年7月15日《东方体育日报》登了一篇文章——《“超女”为何错过上海？》，文中说：

记者从各种渠道了解了其中的内情，原来，2005年的《超级女声》曾经试图开出上海赛区，但是因为种种原因，这一设想没有成功。湖南卫视和天娱传媒近期把工作的重点都放在了《超级女声》湖南总决赛上，因此他们对“错过上海”的话题已经不想再提，只是一再表示欢迎上海的媒体前往湖南报道《超级女声》，并希望将来有机会直接在上海开出赛区。

此前曾有报道说，《超级女声》在年初找到了上海电视台的生活时尚频道，希望采用一贯的两地电视台共同合作方式开出上海赛区，但是因生活时尚频道正在热推《超级模特》大赛，所以不得不拒绝与《超级女声》合作。不过生活时尚频道的一位负责人昨天否认了这一说法：“他们（《超级女声》）从来没有找过我们，我们的模特大赛也和他们的节目毫无关系，我们一直在做我们自己的事情。说我们拒绝了《超级女声》，纯粹是胡扯。”

随后记者又了解到，《超级女声》其实在选择合作媒体上，在上海洽谈的是很具娱乐气质的新生媒体东方卫视。但因为东方卫视同期也在全力打造《莱卡我型我show》的节目，因此根本不可能和湖南卫视合作推出《超级女声》。东方卫视的一位娱乐节目负责人在接受采访时表示：“虽然我不清楚是否《超级女声》来找过我们，但是我们推出的《莱卡我型我show》或许和他们的节目有相似度，我们集团和'莱卡'签有'排他性'的协议，所以是不可能接受《超级女声》的。"

这位负责人介绍说："这两个节目在全国都很受欢迎，但我们的《莱卡我型我show》不仅仅是一个节目，而且是一个产业链上的产品，是和我们集团整体演艺产业发展相关联的，是肯定要有一个结果的，所以和《超级女声》肯定不同。我们的选手和评委水平更高，更严谨，因为两个节目功能是不一样的。明年《莱卡我型我show》还会继续推出，并计划尝试直播，相信会越做越好。"

根据这位负责人的估计，《超级女声》短时期内很难进军上海，"除非他们自己到上海独立做，如果还是像其他赛区那样和当地电视台合作，上海恐怕很难接受。"

超级女声在成都落地的合作单位，就出现过明确拒之门外的故事。他们先找到四川电视台，因为湖南卫视与四川卫视同为省电视台，但四川电视台拒绝了，后来成都电视台成了超级女声的合作单位。湖南卫视要找一张报纸合作，先去找《华西都市报》，《华西都市报》没认识到它的价值，也拒绝了，最后《成都商报》成了超级女声的合作单位。

几家单位都把送上门的财富拒之门外。到嘴边的肥肉没吃进去，它们当然是无穷的后悔，但是，再后悔也是悔之晚矣。

如何对待社会上的机构、企业、个人策划传媒，如何评估策划传媒方案的价值，在社会策划传媒风起云涌的时代，成了摆在传媒面前的一个必须解决的重要课题。

前面讲过，策划传媒的一条重要规律，就是策划主体和被策划利用的传媒要实现双赢，同时还要和受众一起实现三赢。不然媒体就不会心甘情愿地被你利用，为你服务。他为你服务他也能得到一份合理的报酬。比如超级女声，成都《天府早报》每天登几个版，不给一分钱还乐此不疲，因为登了就多卖两万份，不登就少卖两万份。

所以，策划传媒的策划要能使传媒受益。

正因为如此，能使传媒受益的策划传媒，可以对媒体起到很好的推动作用。策划传媒能使媒体的功能充分地释放和爆发出来。

那么，传媒从社会策划传媒中可以得到些什么收益呢？也就是说，策划传媒对媒体有些什么作用呢？

（一）提高了新闻质量。社会和企业策划传媒，就会出现大量的新闻可供传媒选择。

（二）增加了大量激活传媒的策划方案和方法。传媒的内容就更加丰富多彩。

（三）增加自身的经济效益。

（四）传媒整合社会的作用和功能会发挥得更好，与社会和企业的关系更加密切，因而传媒的价值和地位更得到提升。

（五）密切传媒与社会与生活与大众的关系。

二、传媒对社会策划传媒应该采取的正确态度

错误的态度：以为是被人利用的感觉。

传媒有强大的整合全社会各方面资源的功能。这个整合功能，传媒界自身在做开发，而且是千方百计地开发；社会各界也早就认识到传媒强大的整合功能，也在想各种办法利用和开发。传媒不仅要重视自己的开发，也要重视社会力量的开发。社会上各种各样的人才都有，创造力爆发出来，会产生很多很好的点子和策划。传媒要借助全社会的力量来做传媒，借助全社会的点子来开发传媒的整合功能。不仅借用社会和企业的财富来发展壮大传媒，还要借助全社会的智慧来发展壮大自己。

如何将传媒整合社会的功能充分地发挥出来，如何使传媒的传播内容更加丰富多彩，多一个人想办法，总比少一个人想办法好，多一个主意总比少一个好。人多力量大。不管是传媒的，还是不是传媒的，只要你有好办法，好主意，都行，都拿来用。不仅要借人家的财力，还要借人家的智慧，这才是最高明的传媒人。

在社会策划传媒的新时代，传媒人应该树立这样的观念：没人策划的传媒，是最没用的传媒，因为你最不值钱，没有策划利用价值；策划你的机构、企业和单位越多，你的传媒越值钱；全社会都来策划的传媒，才是最好最优秀的传媒。

因此，传媒的正确态度是：正确选择，密切合作，实现三赢。

（一）正确选择

慧眼识高招，金睛辨糟粕。要建立评估社会策划传媒方案的标准、组织和制度。

传媒的选择要摒弃平庸、低俗和太商业化的策划，以社会效益和经济效益双重标准来判断。

策划有高下之分，有的很低劣，有的很庸俗，有的没有多少效益。所以，一定要认真分析评估。对低劣的、庸俗的策划，没有很好的社会效益的策划，被认为是恶性炒作的策划，坚决拒之门外，不能采纳；对高水平的策划，一定不要漏掉，像超级女声的策划那样，要慧眼识珠，不要盲目否定；对难以鉴别的策划方案，要仔细斟酌，多听取各方面意见，反复比较。

不能将新闻炒作和新闻策划混为一谈。炒作在汉语中是一个贬义词。现在有人专门写书写文章为新闻炒作正名，举一些策划的例子来说明。我们不能违背汉语词汇的本来意义，也不能把读者的正确理解和判断纠正过来。大多数读者都认为是炒作，这个效果已经不好了，怎么能说炒作就是对的了呢？炒作肯定是策划，但绝不是好策划，更不是我们要提倡的策划。只有那些低劣的策划，庸俗的策划，人们才称之为炒作。这正是我们要睁大眼睛，坚决摒弃的策划。决不能迎合那些低级趣味的东西。但是，又不能把超级女声误认为是低级趣味。大众化和低级趣味是有根本区别的。那些拒绝与超级女声合作的传媒就是没有把这两者的区别辨别清楚，以致后悔莫及。

同时，我们也不能因为社会上出现了低级庸俗的策划传媒，就否定策划传媒。有人说，你看，你说木子美、芙蓉姐姐，还有用身体写作，都是策划传媒，如果这就叫策划传媒，我们就不策划传媒了，也不要提倡策划传媒了。策划传媒是从人们利用传媒的整合功能，来为自己的某个目的服务，从这种现象抽象归纳的一个名词，一个概念。我们不能因为出现了低级趣味的策划，就把所有的策划都否定了；我们也不能因为你认为不好的人做了策划传媒的事，大家就都不能去策划传媒了。坏人、不好的人可以策划传媒，好人就更应该策划传媒。而且应该用更好更多的策划传媒，去压住那些不好的策划。就像我们前面讲的，反动派用策划传媒来阻止革命、镇压革命；革命家用策划传媒来开展革命，用策划传媒来对付反革命。就是以革命的两手对付反革命的两手。传媒既然是工具，什么人都可以用这个工具。你认为不好的人策划了传媒并产生了效果，说明人家很聪明。传媒摆在那里，你不去策划，只能说明你落后，你笨，你面对现代传媒不知道该怎么用。那些最早策划传媒的人，其实就是最聪明最会利用社会资源为自己办事的人，也就是走在时代最前面的人。我们认识了现代传媒的功能，就要努力用它来为社会生活的方方面面服务，做出各种各样的高水平的策划传媒来。传媒，特别是网络，确实是个现代化的玩意儿，你不会玩它，你肯定落后。我们一定要赶上形势，成为策划网络的高手，策划各种传媒的高手。

（二）密切合作

传媒一旦选准了社会策划传媒的方案，就要从各方面积极配合，密切合作，努力做到圆满成功。

蒙牛公司总结了一句话：要实施“互动共振营销传播策略”，“借台唱戏”，共生共赢。这句话其实就是企业和传媒之间要密切合作，共生共赢。

在社会策划传媒的大趋势下，媒介与社会的结合度和依存度将更为紧密。传媒与策划主体之间，互相构成对方的战略性资源，最终形成相互融合的战略合作伙伴关系。

（三）实现三赢

三赢，就是不仅策划者赢，传媒赢，还要受众赢。受众要赢，就是传媒提供给受众的新闻，包括电视网络屏幕提供的图像画面，都要让受众喜闻乐见，十分满意，不要把那些低劣的粗俗的，没有可读性可看性的东西，硬塞给他们。一定要把好质量关。质，就是策划产品的品质。劣质策划产品决不能入选。同时，量的把握也要准确适度，该一条短消息的，就不要搞长文章，该发一篇报道的就不要发一个版，该间断报道的，就不要天天登。量过了就成了炒作。本来该下毛毛雨，你狂轰滥炸，过度炒作，读者就会讨厌你，你就侵犯了受众的利益。要像写文章那样，添一字则嫌多，删一字则嫌少，达到那种完美境界。

三、建立和形成一个策划传媒的产品设计市场

面对社会策划传媒的新浪潮，传媒是不是把人家抛过来的绣球接起来就行了呢？如果是这样，传媒也还是处于一种保守的被动的姿态。这样做还远远不够。传媒应该采取更加主动的态度，那就是造动策划传媒的市场，使之产生更多的更加丰富多彩的更能吸引受众的好策划，使自己的媒体一年四季好戏连台，让受众看得眼花缭乱，目不暇接，那你这个传媒就不得了了。传媒人要明白策划传媒这个概念的精髓，那就是把传媒整合社会的功能充分地发挥出来，发挥到最大，发挥到极致，社会各界都能从你这个传媒得到好处。你的功能全部都发挥出来了，你的运行也就进入到一种最佳状态，你也就是最好的传媒了。

如何才能做得到呢？最重要的，是要建立和形成一个策划传媒的产品设计市场，一个策划你这个传媒的产品设计市场。要有许许多多策划你这个传媒的产品设计方案，你就可以从中好中选好，选出最好的策划，做出最吸引受众的内容来。

第一，要发动传媒人自己策划自己的传媒。传媒人自己最了解自己传媒的特点、个性、优势、发展方向，自己首先策划自己。其实，超级女声就是湖南卫视自己策划的，因为天娱公司就是湖南卫视自己办的公司。王鹏等几个主要人员就是从湖南卫视出去的。中央电视台竞选广告标王的策划，就是中央电视台自己的策划。本来很平常的一个竞标活动，第一名被冠以一个显贵殊荣的“标王”，立马引得各路英豪斗胆厮杀，纷纷争着出人头地。“标王”也因此有了新闻价值，每年“标王”的产生过程不仅备受瞩目，“标王”的身世、商业举措也牵动着媒体的视线。这个策划是很成功的。传媒自己每年要发动内部的人员，拿出多个策划传媒的产品设计方案，来比较，来选择。

第二，要发动社会的机构、企业来策划自己的传媒。让他们根据他们自己的需要，产品、品牌、工作、生活的需要，拓展市场的需要，拿出策划传媒的产品设计。

第三，要发动社会上的广告公司、策划公司、咨询公司以及自由策划人，各路策划高手，都来策划你的传媒，都拿出各具特色的策划传媒的产品设计。

总之，就是动员社会各方面的力量，来一场策划传媒的智力竞赛，来一个策划传媒的头脑风暴，使策划传媒形成一个市场，市场上的策划产品琳琅满目。为了激励创造性的策划传媒的产品设计，一家传媒可以每年搞几次评选，评个一二三等奖。凡是被选中拿到传媒上来运作的策划，要给策划费。策划费的价格，按在市场上产生作用的大小，双方谈判决定，也可以从产生的经济效益中按比例提成，也可以公开叫卖，卖给那些需要你这个策划的企业或单位。传媒一定要努力把这个策划市场建立起来。传媒从市场中挑选物色好策划产品，然后是把它卖给冠名企业，最后由冠名企业买单。

一个传媒，为了营造和建设策划自己传媒的市场，应该设立专门的结构，动员、组织和落实全社会对自己传媒的策划，除了评选和奖励之外，还应该把社会上热衷于策划你这个传媒的策划人员，组织起来，形成一个沙龙或者俱乐部之类的组织，定期举行交流活动，互相交流信息，激发思维碰撞，这样就可能产生更多更好的策划点子。如果长期坚持不懈，持之以恒，效果就会更好。

四、社会是一个策划思维和智慧的宝库

现在是一个传媒竞争的时代。电视的频道多，报纸的版面多，网站的页面多。很多都是空闲的，装了些一般化的不要紧的不吸引人的东西，在那里勉强凑数。现在很多传媒，也只是完成了传播新闻信息的作用，它所具有的强大的整合功能，推动社会发展的作用，远远没有得到充分的发挥。传媒之间要竞争，不仅要比新闻信息的质量，更要比整合功能的发挥，比推动社会发展作用的大小和多少，也就是比围绕你这个传媒的策划传媒市场形成了没有，一年有没有影响大的策划传媒方案的实施。

现在传媒之间竞争激烈，同质化现象严重，报道内容大同小异。在现在这种信息爆炸的时代，一个媒体要想做出多少重大独家新闻，那是很难的。媒体之间要有差异，只有在策划上下工夫。你有出奇制胜的策划，就与别的传媒拉开了差距。传媒人自己的策划和社会的策划，可以做到传媒的差异化。都是省级卫星电视，超级女声的策划就使湖南卫视从省级卫视中脱颖而出，湖南卫视就与其他省级卫视明显差异化了。

一定要认识到全社会的智慧绝对比你一家传媒的人的智慧大得多，因为人数就比你多得多。全社会的人数是一个海量，智慧也是海量。一个传媒，几十几百几千人，和全社会相比只是一个极小极小的微量。比如，影视界多少人，至少几十万人吧，但是，只有胡戈才把电影《无极》做成了《一个馒头引发的血案》。超级女声是湖南卫视的创意，但是，2004年湖南卫视主办的超级女声，就远远没有它和社会力量联合主办的2005年的超级女声效果那么好，影响那么大。2005年参加联合主办的蒙牛公司，蒙牛公司市场总监孙隽和他带去的智囊团，对超级女声很多细节的操作方法，特别是如何紧紧吸引受众，进行了许多创造性的策划，做出了很大的贡献。超级女声就成了传媒内部人员和社会力量共同策划的结晶。

孙隽为此专门写了一本书，叫《超级女声VS超级策划》，讲述了蒙牛策划团队如何策划的经过和故事。孙隽在书中说：

> 2005年的活动必须要有新鲜元素。为了最大化参与度，海选阶段，我们在“想唱就唱”的基础上增加了观众“想说就说”的环节，通过选拔组成观众评议团的观众可以在节目现场对选手发表看法，也可以对评委的评判发表观点。
>
> 同时，比赛中还会引入“家庭舞台”的概念，选手的家庭首次作为比赛内容之一参与评判，提升“亲友团”在节目中的比重。

进入最后的全国总决赛以后，十强选手还会参加“超级女声夏令营”特训考验，一周淘汰一个选手，亲友团和歌迷团也可以加入这个夏令营中，和选手们一同感受竞赛中的酸甜苦辣，而在比赛的现场，会不断地播出特训考验剪辑，让观众们了解幕后的选手。

正如俞先豪（蒙牛策划团队之一——编者注）所说，一档节目是没有情绪的，是创作者在赋予它情绪。按照俞先豪的观点，未来最受欢迎的节目就是那些赋予大众情绪体验的节目。比如观看超级女声的观众，他们在生活中也会遭遇这样的得失成败，看节目时很容易引起共鸣，身心都参与进去。

所以，后来每到淘汰这个环节，台上台下就哭成一片，总决赛时黄雅莉和周笔畅，5进3时何洁和李宇春的痛哭场面成为整个“超女”哭场的经典。选手们天天在一起好几个月，彼此都有感情，突然要离开，大屏幕上滚动着她从海选开始一路走来的画面，勾起人们的回忆，大众评委不失时机地唱起《一路顺风》、《朋友别哭》等伤情的离别歌曲，全场内外，情被煽到极点。

易慧也是我从那次开始一直看着一步步成长起来的选手，我很喜欢她。在50进20现场那次，顶着头蓬松的卷发就像一个街头的流浪小女孩，后来越来越有光彩。从总决赛开始，我每个周末都要飞到长沙。在所有的选手里，易慧的心态是最好的，决赛8进6那次，她被淘汰了，说的话很平实，她是个心里一直有别人的孩子，声音很好听，有着美国黑人慵慵懒懒的磁性，我很感动。从10进8的《白月光》到最后一首《被遗忘的时光》，真的就像何炅说的，像一张上了年纪的老曲盘，让人想起30年代纸醉金迷的老上海。在现场听，她的声音尤其棒，黑楠也很喜欢她。看着她走，全场哭得一塌糊涂，我的眼睛也湿湿的，好半天回不过神来。

另外，在节目设置中我们还采用了以争议性来降低风险的战略。海选前期是不是“审丑”？比赛到底有没有“黑幕”？这些都是会让老百姓兴奋的。中国老百姓似乎对“黑幕”、“暗箱操作”之类的字眼具有与生俱来的敏感性。网络上对超级女声这个直播栏目的公正性一直是有争议的，而一些网友充满想象力的“阴谋论”更是让许多人喜闻乐见、津津乐道，不管这些争议是否有凭有据，至少超级女声在各类议论中赢得了人气，在百度的“超级女声吧”里，此类对“公正性”的讨论帖子超过300万。

孙隽在书中说，很多人都问他，为什么“蒙牛酸酸乳”能够和超级女声结合得那么自然，似乎是“天衣无缝”。他说，其实在这背后有非常多的人付出了巨大的劳动。这不是他一个人拍脑袋就想出来的事情。这是一个团队合作的结果。（参见孙隽著《超级女声VS超级策划》，安徽人民出版社，2005年第1版）

广大的群众中蕴藏着无限的创造力，不同的人有不同的思维方式和思维路线，有各种各样的定势创意思维反应堆，许多人会拿出不同凡响的创造，可以说是一个智慧的宝库。现代社会是信息和知识爆炸的时代，也是思维和智慧爆炸的时代。如果我们充分发挥这座思维智慧宝库的作用，策划传媒的点子就会源源不断地涌来。

每个传媒，每年都应该做出盘点统计，你这一年下来，采用实施了多少个社会策划你这个传媒的策划方案，社会对你又做了多少个策划方案。如果两个数字都等于0，这个传媒就叫“冰点传媒”。就像北冰洋一样，没人光顾。你既没有被策划的价值，自己也没有去认真组织社会对你的策划。

传媒对社会的要求就经历了三个阶段：20世纪五六十年代，报纸是向社会要新闻稿件，所以各个市地县、各个企业都有报道组，所谓全党办报、全民办报，就是全社会向传媒提供稿件。八九十年代，传媒向市场经济转轨，传媒是向社会要广告，要钱。进入策划传媒时代，传媒向社会要策划，要点子，要思维，因为好的策划就能带来两个效果，既有好的稿件，又有广告和钱。于是，全社会就出现了策划传媒。三个时代，三个要求，说明了传媒社会在如何向前发展。

面对即将到来的全社会策划传媒的浪潮，传媒一定要从思想上，从组织上，做好迎接这个新浪潮的准备。既然是全社会的传媒，就用全社会的力量和智慧来建设，把传媒搭建成一个全社会各路英雄大显身手的社会大舞台。

五、大众媒体策划传媒案例分析

（一）《华西都市报》的《特别报道》

1995年初，在成都展览馆举办的上海轻博会出现卖假冒伪劣产品的现象，《华西都市报》进行批评揭露，并追踪报道。举办者一夜之间逃跑得人影都没有了。怎么办？我们研究，不管他们往哪里逃，总是上海人，有上海的关系，我们就找上海的《文汇报》帮我们追下去。稿件在《文汇报》登出来后，在上海引起很大的反响，上海其他新闻单位也跟着做报道，一时形成热点，很快就找到了，原来是几个无业游民弄了个皮包公司办的展览。他们败坏了上海的声誉，上海市人大于是制定一个《展览法》。上海电视台还派记者到《华西都市报》采访，做连续报道，大大提高了《华西都市报》的知名度。那时《华西都市报》刚刚创刊，但上海人一下都知道成都有个《华西都市报》，帮助上海维护了上海的声誉。这件事就是《华西都市报》策划了上海的传媒，本地传媒策划外地传媒。

《华西都市报》开中国都市报的先河，紧紧围绕市民关心的问题做报道，很多报道深受读者欢迎。但因为是刚刚创办，知名度不高，社会影响还不大。这时，我们就想用借势的方法，利用别的影响大的媒体来扩大影响。中国影响最大的媒体就是中央电视台。于是我就叫发行部把《华西都市报》给中央电视台20多个新闻部门，每个部门寄一份去，长期坚持。这个策划起到了很好的效果，《华西都市报》的内容深深地吸引了中央电视台的编采人员，他们从我们的报纸上选了大量的新闻来做，两年之间，单是《焦点访谈》就做了20多期。像我们策划的“李波反暴利”的追踪报道，《焦点访谈》、《经济半小时》、《新闻30分》等几个栏目都同时做报道，“3·15”晚会还把李波请到晚会现场，大大提高了《华西都市报》的知名度和影响力。这个策划就是用借势的方法策划传媒，借中国最有影响的传媒之势，来带动新生的都市报发展壮大。

后来，也有一张报纸学习《华西都市报》的方法，把自己的报纸寄给中央电视台的各个部门，中央电视台看了半年之后，就决定不再要他们寄报纸去了。因为从上面选不了多少题材来做新闻。所以，要搞这个策划，你自己报纸的质量是基础。

1996年7月，我在《华西都市报》还做了一个策划，就是每天推出一个长篇社会故事版面，叫《特别报道》。老百姓喜欢听故事，特别是情节复杂、生动活泼、波澜起伏、悬念丛生的煽情故事，能紧紧抓住读者的心。既然喜欢，我们就规模化生产，每天一个版。《特别报道》版出来之后，很受欢迎，好评如潮，很多读者每天就等到看这个版。我于是开始新的策划，我想，《特别报道》大量从全国的案件、人物、事件、热点选材，四川的稿件数量不多，放到全国任何其他地区的报纸上，也是吸引读者的好版面。这么好的版面只在《华西都市报》上登一次，划不来，干脆把它卖到全国的报纸去。如果有几家报纸同时刊登，几家报纸共同承担稿费，这既可以大幅度提高作者的稿费，能够产生很好的稿件，也能降低每家报纸的成本，还扩大了《华西都市报》的影响。

这就是一个典型的传媒策划传媒的策划。《华西都市报》策划确定了其他报纸的版面内容。策划一定，就开始推销。那时候到《华西都市报》学习的报纸很多，我在介绍情况时就向他们详细推荐《特别报道》版。1998年2月，江苏徐州的《彭城晚报》成了我们的第一个客户，他们是第一个加入“特别报道”网络的报社。很快，《华商报》、《沈阳晚报》、《青岛生活导报》等5家报纸相继加入。《特别报道》让他们均尝到了甜头，《华商报》创刊时就购买了《华西都市报》的《特别报道》版，他们很想找一个“特别武器”打开西安市场。没想到，这一招一用就灵，一用就见效，发行和广告节节攀升，最终成了陕西省的第一大报。

最有意思的是，东北有一家发行量还颇大的报纸，尽管我们每天都在版面上打出“版权所有严禁转载”，他们仍然不断把《特别报道》拿去转载。两家报社只好打官司，他们在赔偿了17万元“侵权费”，公开登了道歉申明后，又上门购买了《华西都市报》的《特别报道》。他们说当地的老百姓舍不得特稿，必须继续“特别报道”。就这样，戏剧性的一幕发生了，最严重的“侵权者”摇身一变成了我们最大的“客户”。

效果就是最好的广告，1999年，有10家报社加入“特别报道”网络；2001年，这个网络已拥有了27家成员，遍布全中国。截至2001年底，全国各地有30多家报纸购买了《特别报道》版面。每天，我们有专职人员向这些报纸传送稿件。《特别报道》迅速成了各报“新的经济增长点”，各地报贩甚至把《特别报道》版放在头版上面大肆吆喝。30多家报纸中，既有走市场的晚报都市报，也有党报机关报。

为什么30多家报纸青睐这个版面，争相购买呢？因为每家报纸只需要花费文摘稿费的代价——1 000字几十元，就可以买到中国特稿市场上质量最好的稿件，30多家报社加起来又开出最高的稿费，实际上是搞了个市场整合策划。

江苏是“特别报道”网络单位最多的一个省，有 6 家报纸入网。他们挨得很近，彼此都很了解。看到一家报纸在很短的时间，发行量陡增，广告量陡增，问其原因，得知是入了“特别报道”网。于是纷纷加入，又纷纷得利。其间还发生了两家报纸争抢的故事。镇江市的《京江晚报》先买了《特别报道》，《丹阳日报》看到《特别报道》很吸引读者，就以高于《京江晚报》的价格来买，工作人员不知底细就同意给卖了。最后两家报纸找我们，双方都只准我们卖给他一家，相持不下。我提出一家轮流一天的方案，他们也不接受。做了差不多几个月的工作才平息下去。

最有意思的是《彭城晚报》，2001年下半年，他们由于新开辟的版面得不到批准，无奈只好撤掉《特别报道》版。哪想到，头天一撤，第二天广大读者就不愿意了，他们纷纷打电话到报社，质问为何撤了“大特写”。那一天，报社接了200多个抗议电话。其中一位六旬老读者，他把几年的《特别报道》全剪了下来，装订成册，他说他“离不开了，读‘大特写’是他退休生活不可分割的一部分”。没有办法，《彭城晚报》只得马上恢复《特别报道》版，以后授予他为“金牌读者”。

《华西都市报》卖《特别报道》版的策划，把30多家报纸搞成一个特稿网络，已经10多年，没有衰落。发一篇稿件，全国同时几千万人阅读。比新华社稿件还牛，新华社的长篇稿件很多还没有落地30多家报纸。所以新华社的记者也给《华西都市报》的《特别报道》写稿，这样落地（见报）的效果还更好些。这个策划传媒就进入了生产领域，自己报纸的生产和别个报纸的生产都一起策划了。这个策划全国唯一，史无前例，后无来者。真正是空前绝后！有的报纸也想学《华西都市报》，搞一个版卖给其他报纸，都未能获得成功，一家报纸也没卖出去。

南京有个肿瘤研究所所长孙莉莉，研制了一种治疗吸毒的中成药，叫“利生丸”，药效达到90%以上，治疗效果很好。全国很多报纸给她做过报道，《天津日报》的记者还给她写了一本书。可是，《华西都市报》《特别报道》版报道之后，全国各地的读者纷纷打电话来，都来找她治病，她只好天马行空地在全国飞来飞去，给人治病。她一下感到《华西都市报》《特别报道》版的厉害，影响那么大。因为30多家报纸同一天见报，全国几千万读者同时读到，影响遍及全国各地，就相当于一张全国性的都市报。

《特别报道》的质量高，多次出书，拍电视剧，以其他各种传媒形式继续传播。实践证明，策划的关键是内容质量。你的内容质量高，策划就能影响深远，不会三几天就夭折了。《华西都市报》的《特别报道》版，在中国报业市场十年不衰，客户稳定，现在还保持稳健势头。一些报纸还专门写来感谢信，说我们的开销大，明年是不是加一点价，他们愿意多出点钱。《特别报道》用质量建立了自己的市场信誉。

（二）中央电视台策划传媒

中央电视台策划全国传媒的事例经常发生。最有代表性的，是全国青年歌手大奖赛、全国主持人大赛、全国模特大赛等全国性大赛，都是组织全国各省市电视台先赛，选出各省市的优秀选手，再到中央电视台进行最后总决赛。所以，中央电视台还没开赛，影响就已经出去了。中央电视台决赛，就更吸引眼球了。

中央电视台的广告招标、春节联欢晚会、十大年度经济人物评选、感动中国等等，很多大型栏目和活动都策划了地方传媒。地方传媒也乐于配合运作，提高自己的影响力。

中央新闻单位居高临下，有策划全国传媒的天然优势。但是，地方传媒要策划全国传媒，难度就要大得多。所以，湖南卫视组织全国电视台合作搞超级女声，就只有平等协商，人家不同意就只有另找合作者。

（三）网络媒体策划传统媒体

这些年来，网络媒体迅猛发展，特别是商业门户网站，几年之间，攻城略地，战果累累。这一方面有新技术的快速发展的原因，另一方面，也有网络媒体对传统媒体策划的成功。商业门户网站没有新闻发布权，也没有力量采写全国的新闻，他们就和一家一家的报纸签合同，转载报纸的新闻。他们和1 000多家报纸签好合同，就整合形成了网络的海量新闻。他们整合成的海量新闻，又反过来把每家报纸的限量新闻网站的发展限制了。商业门户网站对全国纸媒的这个策划，是当代传媒社会中，传媒策划传媒的最经典的案例。这是一个永载策划传媒史册的策划高招。

在对传统媒体的整合策划中，新浪网最为成功。它将1 000多家报纸、杂志、电视、广播、出版社的新闻信息整合在一起，从时间上、空间上进行组合，发挥不同媒体的优点，比如，电视现场直播的速度，报纸新闻的广度，杂志的深度。新浪网财经频道的“财经杂志封面秀”专栏，就是一个网上财经媒体超市，产品并非由自己制造，而是来自其他媒体。它把各家财经类杂志的封面文章放在一个网页上，每篇封面文章都做一个超级链接，方便网民阅读，实际上就是财经杂志的一个大展览。这样做的效果非常明显，有效调动了整个财经期刊的核心的资源。通过这种方式，新浪财经与100多家财经杂志建立了联系，将国内主流财经杂志的精华内容一网打尽。

这个策划，既策划了自己传媒的生产，也策划了全部传统媒体的生产。

（四）外国传媒的策划传媒

美国传媒大亨士毅·纽豪斯发现，经营传媒也和经营其他商品一样，最大的利润来自垄断市场的利润。纽豪斯消灭竞争对手、争取垄断市场的常用手法，就是开出对手不忍拒绝的高价，把有竞争力的传媒买过来，而后立即关闭。因为市场规律是，垄断的钱最好赚，利润也最高。

《克利夫兰新闻》是一家有百年历史的日报，20世纪70年代末已是老朽不堪，年亏损500万美元。1980年百货商柯尔以100万美元买来《克利夫兰新闻》的所有权，誓言重振该报昔日雄风。在柯尔经营下，《克利夫兰新闻》确有起色，成为纽豪斯《克利夫兰平原商报》的潜在竞争者。1982年，纽豪斯以2 250万美元并购《克利夫兰新闻》。柯尔两年间没费多少劲转手就赚进2 000多万美元，乐得直叹天上掉下个大馅饼。实际上，纽豪斯的眼光长远，他买下《克利夫兰新闻》后不久，借口经营业绩不佳将它关闭，《克利夫兰平原商报》就成了当地唯一的大报，高枕无忧地赚取垄断利润。

美国西北部的俄勒冈州原有《俄勒冈人报》和《俄勒冈日报》两家日报。纽豪斯买下《俄勒冈人报》后，新闻质量滑坡，对《俄勒冈日报》的竞争优势下降。为此，纽豪斯又以800多万美元买下《俄勒冈日报》，一到手就立即停刊，其订户和广告客户并入《俄勒冈人报》。《俄勒冈人报》迅速成为美国西北部最大的日报。

《纽瓦克纪事星报》是纽豪斯旗下最大的报纸，发行量达48万份。它的竞争对手是一家百年老报《纽瓦克晚报》。当《纽瓦克晚报》因受电视新闻的冲击经济跌进低谷时，纽豪斯以2 000万美元的高价买下来，随即将它关闭。如此一来，《纽瓦克纪事星报》就成为新泽西州唯一的大报。

纽豪斯传媒策划传媒的办法，就是用收买传媒的办法消灭传媒，让自己的传媒垄断市场，独霸天下，何其毒也。

从前面的叙述可以看出，为了实现某种目的，新建一个传媒是策划传媒；从这里又可以看出，为了达到某种目的，消灭、搞垮一个传媒，也是策划传媒。还有，像聚众传媒兼并分众传媒，两家做电梯电视广告的传媒进行合并，也是一种策划传媒。策划传媒的内容和方法是多种多样的。

传媒的策划传媒，在现在的传媒社会中，几乎是天天都在发生的事。有不同媒体之间的策划，即这个媒体策划另一个媒体；也有不同品种媒体之间的策划，报纸策划电视，电视策划报纸，网络策划报纸，等等。

自己本身就是传媒了，为什么还要去策划传媒呢？传媒策划传媒的动因是:

（1）传媒对传媒的整合功能认识得最早最清楚，因而策划利用别的传媒来为自己服务的意识最强。人家可以利用策划你，你为什么不利用策划一下别人呢？所以，传媒策划传媒的自觉性最高，行动最快，办法最多，点子最新。

（2）任何传媒都有自己的弱点和不足，利用策划别的传媒可以填补自己的不足。不同品种的媒体具有不同的功能，所以具有功能的互补性。而对不同地区传媒的策划，具有地区的互补性。

传媒策划传媒也是一种借势策划，借别人的优势来弥补自己的不足，两者互补，强强联合，形成新的优势。

第八章
未来之路

虽然一部传媒史就是一部策划传媒的历史，但是，在网络和手机等新兴传媒未诞生之前，社会对报纸、杂志、广播、电视等四大传统媒体的策划，仍然是一种少数人才能参与的事。主要原因，是传统媒体的“体积”、“重量”太大，很多条件和技术都有局限性，要策划动它，所需要的推力太大，在一般情况下，只有权势力量才能推动它。有权的，有钱的，有势的，有活动能力的，才能去策划一下传媒。普通的老百姓推不动它。因此，策划传媒的事虽然有，也在传媒界经常发生，但并没有普及到一般的群众中去。

随着科学技术的进步，网络和手机等新兴媒体诞生以来，情况发生了翻天覆地的变化。新兴媒体以飞快的速度进入普通百姓家庭，很快被百姓大众掌握运用，成为他们手中得心应手的工具，不断创造出策划运用传媒的新方法、新事物、新典型。社会大众策划传媒的新人新事层出不穷，也使策划传媒进入了一个平民策划传媒的新时代。

一、策划传媒进入新时代的标志

（一）传媒的普及性：传媒从贵族化进入平民化，人人有传媒话语权。

老百姓对传媒的态度，过去是仰视，因为过去的传统传媒，居高临下，神秘感强，高不可攀。传统传媒一般都只有强势力量才能左右它，影响它。一般是政府、政党、政治力量、军事力量、财团、大企业等等，有强大的社会势力。现在传媒社会化平民化了，老百姓对传媒的态度，逐渐从仰视变成了平视，处于一种平等地位，到处是传媒，自己个人也都有传媒，有上网讨论发言、发布新闻的权利，视传媒也显得平常了。传媒过去是党和政府的舆论工具，现在成了老百姓工作生活的工具，用起来很平常。再过几年，用起来更得心应手，就像使用自己的镰刀斧头一样。传媒进入了寻常百姓家。

（二）个人传媒风起云涌：传媒不仅是平民化，而且平民大众个人办传媒成为一种风尚，一种潮流。

过去是社会组织、机构、企业才办传媒，现在是老百姓个人办传媒。个人传媒的数量，远远多于社会组织机构办的传媒数量。社会从组织、机构办传媒的时代，进入了一个全新的个人传媒时代。

（三）策划传媒的全民性：从政治家、军事家、企业家等权势力量策划传媒，进入平民个人策划传媒。

过去是权势力量策划传媒，现在是百姓大众策划传媒。传媒技术的进步，带来社会的进步。这是传媒史上的一次大飞跃。

天仙妹妹——四川阿坝州理县山沟里的羌族姑娘尔玛依娜，无论从地方（边远），到富裕程度，都算不了什么，也没有超级女声的舞台，一个摄影爱好者驾车旅游，路上水箱的水没了，停车到路边的羌寨找水，偶然遇见她，惊见美貌，就把她搞得全国出名，一夜走红网络，迅速取代芙蓉姐姐。这表明，一个平常的老百姓，也能设置媒体议题以至成为热点，成为明星。

（四）策划内容的广泛性：从国家大事、社会企业大事，到个人生活、学习、工作的事，无所不包。

（五）策划艺术的多样性：策划产品多元化，五花八门，丰富多彩。因为全民的参与，思维路线的多元化，群众的智慧是一个宝库，可以创造出许多意想不到的策划。

（六）传播速度的瞬时性：由于网络的全国一体化和全球一体化，以及网络传播的瞬时效应，一个策划可以在转瞬之间造成大范围的轰动效应。

因为共用一个网络，网民人数的海量，只要有很小一个比例的人呼应，就可以造成很大的影响。

这些都是社会生活一体化和传媒技术平民化带来的结果。

二、策划传媒是人人的必修课

我们来浏览一下各种各样的策划传媒现象：卖电脑，IBM导演人机大战；造明星，天娱公司策划“超级女声”；卖牛奶，蒙牛用“超级女声”；卖水，农夫山泉制造争论话题；卖房子，潘石屹用媒体杂交法；卖电影，张艺谋在人民大会堂和工人体育馆造势；卖书，汤小明提出“财商素质教育”观念销售《穷爸爸 富爸爸》；卖飞机票，日本航空公司拍电视连续剧《空中小姐》；卖风景区门票，碧峰峡推出体制改革的“碧峰峡模式”的系列报道……

古代卖东西，走村串户卖吆喝。喇叭发明后，吆喝用喇叭，叫的声音更大。现在卖东西，都到传媒上去吆喝，要让全社会的人都知道。在传媒上去如何吆喝呢?这就是策划传媒。总要想办法使它的效果更好，这就要比策划水平了。

策划传媒的方法多种多样，有借势法，制造话题吵架法，活动营销法，形象代言人法，煽情法，娱乐新闻法，比赛法、悬念法……可以有很多很多的创造。

现在所谓眼球经济，注意力经济，其实眼球注意的就是传媒。现代经济就是传媒经济。传媒是经济的推动力、生产力。大家都打传媒的主意，这就是高智慧经济，比智慧，比谁会策划传媒。如果你不打传媒的主意，质量好的卖不赢质量不好的。有的电影卖不到《英雄》、《十面埋伏》的票房价值，不是电影差多少，而是策划传媒不如张艺谋。有的根本就不做策划，拍完了往市场一扔就不管了。

产品质量是内核，策划传媒是外包装，一个是内功，一个是外功，两手都要抓，两手功夫都要过硬。

策划传媒决不只是企业的事，也不只是经济领域的事，而是全社会各个领域的事。企业策划传媒也决不只是营销的事，生产和各个领域都可以策划传媒。传媒不仅是企业最重要的战略资源，也是企业可以灵活使用的战术工具。企业在战略上要重视传媒，在战术上更要会运用传媒的各种各样的具体操作办法，贯穿到日常的生产和工作中去。

再看从中央到地方的各级政府机构，各个部门都在策划传媒。开会要策划传媒，过节要策划传媒，活动要策划传媒，制定发展战略要策划传媒，出现大事要策划传媒，样样工作都要策划传媒。到处在办新闻发言人培训班，到处在开新闻发布会。传媒和他们的工作紧紧结合在一起。

为了个人的生活、工作、事业发展的策划传媒，更是风起云涌，各显神通。据新浪网统计，2006年，个人博客每天发出的稿件数量，已经大大超过了每天传媒发表的新闻数量。个人生活道路的策划传媒，内容已经遍及征婚、咨询、伸冤、打官司、舆论监督、求职、写作、拉选票、提高知名度、经营推销产品、调查研究，以至乞讨、算命、行窃、骗人，等等，个人生活的内容几乎无所不包，应有尽有。策划的方法不断有所创造，有所前进。传媒和人们的生活紧紧地结合在一起。

策划传媒，对于政治家是必修课，军事家是必修课，企业家同样是必修课。现代社会是传媒社会，策划传媒是人人的必修课。全球一体化靠什么一体化，靠传媒，只有传媒才能使偌大一个地球变成地球村。传媒无孔不入，无处不在。策划传媒也就是大家的必修课。就像人人会开车，人人会电脑，人人会上网，人人会英语一样，人人经商赚钱，人人要会策划传媒。

一部传媒发展史，就是社会策划传媒的历史。传媒既然有那么多用处，就不能只让少数人用，你政治家能用，我企业家也可以用；你领导人可以用，我老百姓也可以用。传统传媒是贵族化的，网络、手机等新兴传媒则完全平民化了。社会发展到今天，传媒从贵族化走向平民化，最后成了人人有传媒，人人策划传媒。社会发展趋势，传媒从技术上达到了公平化、民主化的理想境界。人人有传媒话语权，超级女声想唱就唱，网民想说就说，在电脑上想写就写，在网上想发就发，只要遵守法律，谁也无法剥夺。

三、策划传媒的发展轨迹和趋势

现在回过头来看中国这两年传媒发展特别是网络传媒发展的历史，就可以清楚地看出平民大众策划传媒的发展轨迹。木子美、芙蓉姐姐是平民策划传媒的第一波。她们在网上发表的内容虽然有争议，但她们的策划意识是很强的，策划传媒的效果也是很突出的。应该说，她们是平民策划传媒的先知先觉者，也是平民策划传媒的先行者。她们策划传媒的行动和效果，揭示了一个最新道理：鼠标可以改变人生！她们用活生生的事实，启发和教育了中国第一代网民的策划传媒意识。网民们看到，木子美、芙蓉姐姐搞的那些内容并不怎么样，但是她们名利双收，彻底改变了自己的人生道路，取得了很好的效果。如果把博客的内容做得更好，岂不会有更好的效果吗！因此，一大批博客便紧接着在几个月内井喷似的蓬蓬勃勃地建起来了。

木子美、芙蓉姐姐是对大众进行策划传媒教育的启蒙老师。她们用她们的行动完成了对社会进行策划传媒教育的第一课。几十万几千万的个人博客很快出现，几个月之后，上千万点击率的博客——徐静蕾的“老徐博客”出现了。个人博客、个人传媒风起云涌。策划传媒的群众运动方兴未艾。

在木子美、芙蓉姐姐之后，网上又出现了天仙妹妹和胡戈《一个馒头引发的血案》现象。这两起策划传媒的事例，又把人们引入一个新的境界。天仙妹妹为社会树立了一个人们向往的正面的健康的美好的形象，一个长期呆在深山沟里的羌族姑娘，转眼之间成了一颗明星；胡戈的《一个馒头引发的血案》引起网上几百万网民为电影观众的权益而齐声呐喊。原来，策划传媒还不只是木子美、芙蓉姐姐似的搞笑，还可以树立正面典型，还可以为维护民众的利益鼓与呼。传媒的力量真是了不起，魅力无穷；民众自己的力量更了不起，可以千万人会聚起来，对欺骗他们的舆论宣传齐声说“不！”策划传媒真是好玩。天仙妹妹和《一个馒头引发的血案》现象，对大家进行了一次更加深刻的如何从各个方面策划传媒的教育。

网络传媒、手机传媒这两个大众化、开放化的平民传媒，几年之间发展神速。人们很快认识了它们的运行规律，网民达到1.2亿。短暂的热身赛后，网民们就不安于仅仅是获取信息的现状，而琢磨如何玩转这个新玩意儿。策划传媒便应运而生了。所以，木子美、芙蓉姐姐、天仙妹妹和《一个馒头引发的血案》现象，这些策划网络传媒的故事，都是时代的产物，都是时代催生出来的必然要发生的事。至于是谁来第一个吃“螃蟹”，是木子美、芙蓉姐姐、天仙妹妹、胡戈，还是别人，那是偶然的。出现这样的事，是必然的。没有芙蓉姐姐，会有海棠姐姐；没有《一个馒头引发的血案》，会有《一个花卷引发的血案》。因为过去的传统传媒，只有少数人在琢磨如何玩转它，现在是1亿人在琢磨如何玩转它，今后是10亿人要琢磨如何玩转它。

与此同时，2005年出现了一个对所有传媒进行策划而取得轰动效应的事件，这就是超级女声。超级女声虽说是由一家传媒湖南卫视主办的，但是全国传媒都被它策划了，利用了。这在过去，在只有传统传媒的时代，也是不可能的。因为没有网络传媒和手机传媒的参与和配合，超级女声的粉丝队伍就没有地方可以集合起来，无法形成统一的意志，更不要说几百万人怎么投票了。超级女声的策划传媒，有两个创新，一是把传统媒体和新兴媒体整合在一起，把两者的结合做得非常成功；二是用传统媒体做主导，显示了传统媒体依然有强大的威力。在新时代的策划传媒中，传统传媒依然可以大有作为。

木子美、芙蓉姐姐、天仙妹妹和《一个馒头引发的血案》现象对网络传媒的策划，超级女声对传统传媒和新兴传媒捆绑起来一起策划，两类事情一起成为策划传媒史上划时代的策划传媒事件。这些事情反映出一个问题，人类的智慧总是在琢磨如何使用好传媒这个新的工具，使这个新工具为人类做更多的事情。

木子美、芙蓉姐姐、天仙妹妹、《一个馒头引发的血案》、老徐博客和超级女声，预示着策划传媒的滚滚洪流即将来临。现在的网民1个亿，支援超女明星的短信投票是几百万，声援胡戈讨伐《无极》的点击率也是几百万。人们参与的量级是百万级。今后网民达到几个亿，如果遇到不平之事，可能参与讨伐的就不是百万级，而是千万级了。几千万人出面声讨不平之事，舆论的力量、传媒的力量、受众的力量，就完全得到充分的发挥。如果谁要冒天下之大不韪做欺骗宣传，就可能面对几千万人的点击声讨。假冒伪劣也就不必像现在这样等到“3·15”才算总账，而是有一件清算一件。老百姓既然用起了传媒这个工具，就会越用越熟悉，越用越有创造性了。

传媒社会，传媒时代，没有比策划传媒更值得人人参与策划的策划了，没有比策划传媒更能吸引人人参与的策划了。

我们来分析一下人类工具的进化论：人类所使用的工具，最早是石器，以后是青铜器，后来是铁器。中国人长期就使用镰刀斧头，后来是拖拉机、汽车，现在就是电脑、手机。人类使用的工具不断进化，最后居然出现了传媒这样的人人都可以使用的工具，而且是一个变幻无穷的充满无限魅力的智慧型的高级工具，是现代社会各个领域各个单位各种人各种时候都可以使用的万能工具。

过去有人说，给我一根杠杆，我就可以撬动地球。现在进入传媒时代，连一根杠杆也不要了，只要使出策划高招，脑子一动，鼠标一点，就可以撬动全球了。传媒时代，策划传媒。时代将会谱写出威武雄壮异彩纷呈的全社会策划传媒的新篇章。

主要参考文献

曾文经：《传媒的魅力》，时事出版社，2001年第1版。

陈放：《策划学》，兰天出版社，2005年第1版。

叶潮：《超越媒体》，中国社会科学出版社，2002年第1版。

孙隽：《超级女声VS超级策划》，安徽人民出版社，2005年第1版。

吴灿：《策划学》，中国人民大学出版社，2004年第1版。

冷振兴：《炒作》，企业管理出版社，2004年第1版。

陈彤、曾祥雪：《新浪之道》，福建人民出版社，2005年第1版。

魏剑美、唐朝华：《新闻策划与新闻炒作》，中国商务出版社，2005年第1版。

赵文明：《公关智慧》，机械工业出版社，2006年第1版。

廖金泽：《非常公关》，上海交通大学出版社，2006年第1版。

何学林：《成败巨人》，经济管理出版社，2006年第1版。

孙先红、张治国：《蒙牛内幕》，北京大学出版社，2005年第2版。

王也：《富翁百万元征婚的幕后策划人》，《家庭》2006年第12期。